# NCS
# 한국남동발전

## 직업기초능력평가

# PREFACE

우리나라 기업들은 1960년대 이후 현재까지 비약적인 발전을 이루었다. 이렇게 급속한 성장을 이룰 수 있었던 배경에는 우리나라 국민들의 근면성 및 도전정신이 있었다. 그러나 빠르게 변화하는 세계 경제의 환경에 적응하기 위해서는 근면성과 도전정신 이외에 또 다른 성장 요인이 필요하다.

최근 많은 공사·공단에서는 기존의 직무 관련성에 대한 고려 없이 인·적성, 지식 중심으로 치러지던 필기전형을 탈피하고, 산업현장에서 직무를 수행하기 위해 요구되는 능력을 산업부문별·수준별로 체계화 및 표준화한 NCS를 기반으로 하여 채용공고 단계에서 제시되는 '직무 설명자료'상의 직업기초능력과 직무수행능력을 측정하기 위한 직업기초능력평가, 직무수행능력평가 등을 도입하고 있다.

한국남동발전에서도 업무에 필요한 역량 및 책임감과 적응력 등을 구비한 인재를 선발하기 위하여 고유의 선발평가를 치르고 있다. 본서는 한국남동발전 채용대비를 위한 필독서로 한국남동발전 직업기초능력평가의 출제경향을 철저히 분석하여 응시자들이 보다 쉽게 시험유형을 파악하고 효율적으로 대비할 수 있도록 구성하였다.

신념을 가지고 도전하는 사람은 반드시 그 꿈을 이룰 수 있습니다. 처음에 품은 신념과 열정이 취업 성공의 그 날까지 빛바래지 않도록 서원각이 수험생 여러분을 응원합니다.

# (STRUCTURE

## 01 의사소통능력

### 1 의사소통과 의사소통능력

#### (1) 의사소통
① 개념 … 사람들 간에 생각이나 감정, 정보, 의견 등을 교환하는 총체적인 행위로, 직장생활에서의 의사소통은 조직과 팀의 효율성과 효과성을 성취할 목적으로 이루어지는 구성원 간의 정보와 지식 전달 과정이라고 할 수 있다.
② 기능 … 공동의 목표를 추구해 나가는 집단 내의 기본적 존재 기반이며 성과를 결정하는 핵심 기능이다.
③ 의사소통의 종류
  ⊙ 언어적인 것 : 대화, 전화통화, 토론 등
  ⓒ 문서적인 것 : 메모, 편지, 기획안 등
  ⓒ 비언어적인 것 : 몸짓, 표정 등
④ 의사소통을 저해하는 요인 … 정보의 과다, 메시지의 복잡성 및 메시지 간의 경쟁, 상이한 직위...정보의 왜곡...이해형, 신뢰의 부족, 의사소통을 위한 구조상의 권한, 잘못된 매체의 선택, 폐쇄적인...

#### (2) 의사소통능력
① 개념 … 직장생활에서 문서나...서 문서나 상대방이 하는 말의 의미를 파악하는 능력, 자신의 의사 정확하게 표현하는 능력, 간단...능력, 간단한 외국어 자료를 읽거나 외국인의 의사표시를 이해하는 능력을 포함한다.
② 의사소통능력 개발을 위한 방법...위한 방법
  ⊙ 사후검토와 피드백을 활용...드백을 활용한다.
  ⓒ 명확한 의미를 가진 이...가진 이해하기 쉬운 단어를 선택하여 이해도를 높인다.
  ⓒ 적극적으로 경청하...을 감정적으로 곡해하지 않는다.

## 01 인성검사의 개요

### 1 인성(성격)검사의 개념과 목적
인성(성격)이란 개인을 특징짓는 평범하고 일상적인 사회적 이미지, 즉 지속적이고 일관된 공적 성격(Public - personality)이며, 환경에 대응함으로서 선천적·후천적 요소의 상호작용으로 결정화된 심리적·사회적 특성 및 경향을 의미한다.
인성검사는 직무적성검사를 실시하는 대부분의 기업체에서 병행하여 실시하고 있으며, 인성검사만 독자적으로 실시하는 기업도 있다.
기업체에서는 인성검사를 통하여 각 개인이 어떠한 성격 특성이 발달되어 있고, 어떤 특성이 얼마나 부족한지, 그것이 해당 직무의 특성 및 조직문화와 얼마나 맞는지를 알아보고 이에 적합한 인재를 선발하고자 한다. 또한 개인에게 적합한 직무 배분과 부족한 부분을 교육을 통해 보완하도록 할 수 있다.
인성검사의 측정요소는 검사방법에 따라 차이가 있다. 또한 각 기업체들이 사용하고 있는 인성검사는 기존에 개발된 인성검사방법으로 기업체의 인재상을 적용하여 자신들에게 적합하게 재개발하여 사용하는 경우가 많다. 그러므로 기업체에서 요구하는 인재상을 파악하여 그에 따른 대비책을 준비하는 것이 바람직하다. 본서에서 제시된 인성검사는 크게 '특성과 '유형'의...측면에서 측정하게 된다.

### 2 성격의 특성

#### (1) 정서적 측면
정서적 측면은 평소 마음의 당연시하는 자세나 정신상태가 얼마나 안정...불안정한지를 측정한다.
정서의 상태는 직무수행이나 대인관계와 관련하여 태도나 행동으로 드러난...서적 측면을 측정하는 것에 의해, 장래 조직 내의 인간관계에 어느 정도 적응...(또는 적응하지 못할까)를 예측하는 것이 가능하다.

### 2 성격의 특성

#### (1) 정서적 측면
정서적 측면은 평소 마음의 불안정한지를 측정한다.
정서의 상태는 직무수행이나 서적 측면을 측정하는 것에 의...는 적응하지 못할까)를...

---

## 핵심이론 정리
직업기초능력평가에 대해 핵심적으로 알아야 할 이론을 체계적으로 정리하여 단기간에 학습할 수 있도록 하였습니다.

## 출제예상문제
적중률 높은 영역별 출제예상문제를 상세하고 꼼꼼한 해설과 함께 수록하여 학습 효율을 확실하게 높였습니다.

## 인성검사 및 면접
인성검사의 개요와 실전 인성검사로 다양한 유형의 인성검사를 대비할 수 있습니다. 또한 성공취업을 위한 면접의 기본과 면접기출을 수록하여 취업의 마무리까지 깔끔하게 책임집니다.

# CONTENTS

# PART

# I

# 한국남동발전 소개

# 01 기업소개

## 1 소개

한국남동발전은 지난 2001년 4월 2일 정부의 전력산업구조개편 정책에 따라 새롭게 출범한 에너지 공기업으로 영흥발전본부를 비롯하여 삼천포발전본부, 분당발전본부 그리고 영동에코발전본부와 여수발전본부 등 5개 발전소에서 시설용량 10,324MW의 설비를 가동하여 우리나라 전체 전기 공급량의 13% 이상을 안정적으로 공급하고 있다. 또한 미래성장동력을 통한 지속성장을 이룩하기 위하여 기술개발에 주력한 결과 이제는 국내시장은 물론 해외시장에서도 세계적인 발전기업들과 어깨를 나란히 하는 세계적 에너지 기업으로 거듭나게 되었다.

## 2 KOEN Way

21세기 Clean & Smart Energy Leader로 도약하는 KOEN 한국남동발전

### (1) Life Switch

미래의 삶을 연결하는 변화의 스위치

공감할 수 있는 신뢰, 가치를 더하는 앞선 생각, 깊이가 다른 자부심으로 우리의 작은 변화들을 모아 더욱 행복한 미래로의 변화를 주도하는 에너지 기업이 될 것이다.

① Real ; ationship … 진정성 있는 사외적 가치 창출로 공공성을 확대하고 국민이 공감할 수 있는 신뢰제공

② Add ; vanced … 지속적 혁신을 통한 스마트한 변화와 성장으로 앞서 나가는 것, 그 이상의 가치창출

③ Deep ; erence … 국민에게 깊이가 다른 최고의 가치를 전달하는 에너지 기업으로 차별화

## (2) Life Switch 행동규범

① Real ; ationship – 내외 · 부 고객과의 신뢰를 강화한다.

　㉠ [안전] 업무가 국가와 국민의 안전과 생명에 미치는 영향을 고려하여 처리한다.

　㉡ [상생] 존중과 배려로 일자리를 창출하고, 함께 성장하는 건강한 관계를 구축한다.

　㉢ [윤리] 투명하고 공정한 업무처리를 저해하는 위법하고 부정당한 요소는 즉시 배제한다.

② Add ; vanced – 실질적 미래가치 제고에 집중한다.

　㉠ [변화] 업무 중 작은 변화라도 지금 당장 시도한다.

　㉡ [도전] 언제나 성공의 가능성에 집중하며, 두려움 없이 도전한다.

　㉢ [성장] 지속 성장을 위하여 회사 내 공동의 문제를 찾아 해결한다.

　㉣ [창의] 매사에 다르게 생각하고 새로운 시각으로 업무에 접근한다.

③ Deep ; erence – 한계를 극복하고 역량을 강화한다.

　㉠ [선도화] 글로벌 에너지 산업 동향에 정통하고, 정부 에너지 정책을 선도한다.

　㉡ [차별화] 경영자원의 선택과 집중을 통해 담당업무를 효율적으로 추진한다.

　㉢ [다각화] 석탄 화력발전의 프레임을 깨고 종합 에너지 회사로 도약한다.

## 3 전략체계도

### (1) 미션

깨끗하고 안전한 에너지를 안정적으로 공급하고, 지속가능한 미래성장을 선도하여 국가발전과 국민복지에 기여한다.

### (2) 2030 비전

① Clean & Smart Energy Leader … 기술로 미래를 창조하는 친환경 에너지 리더

② GLOBAL TOP CLASS …「에너지 신사업 모델구축」,「기술력 보유」,「수익성 달성」,「사회적 가치 실현」

### (3) 전략방향 및 목표

| 전략방향 | 에너지전환대응 사업운영 효율화 | 한국판 뉴딜기반 미래성장동력창출 | 국민이 체감하는 사회적가치 창출 |
|---|---|---|---|
| 경영목표 | • 대기배출물질 감축(온실가스 35%, 미세먼지76%)<br>• 화력부문 LNG복합설비비중 45% | • 신재생에너지 발전비중 25%<br>• 매출액 9.5조 원 | • 동반성장 실적평가 최우수 등급<br>• 양질의 일자리 창출 13만명<br>• KOSAL 90% |
| 전략과제 | • 대기배출물질 저감 극대화<br>• 국내외 사업경쟁력 강화<br>• 사업포트폴리오 다각화 | • 재생에너지 발전설비 확대<br>• 에너지 신사업모델 개발 및 추진<br>• 디지털 신사업모델 개발 및 추진 | • 국민과 함께하는 사회적 가치 창출<br>• 안전/재난/보안 대응체계 구축<br>• 미래지향 경영체질 혁신<br>• 신뢰 기업문화 확산 |

**4** 조직도

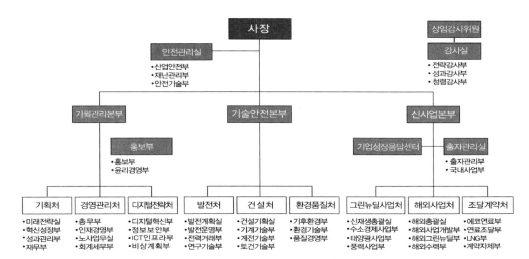

| 사장 | | 상임감사위원 |
| --- | --- | --- |

**안전관리실**
- 산업안전부
- 재난관리부
- 안전기술부

**감사실**
- 전략감사부
- 성과감사부
- 청렴감사부

**기획관리본부**

**기술안전본부**

**신사업본부**

**홍보부**
- 홍보부
- 윤리경영부

**기업성장응답센터**

**출자관리실**
- 출자관리부
- 국내사업부

**기획처**
- 미래전략실
- 혁신성장부
- 성과관리부
- 재무부

**경영관리처**
- 총무부
- 인재경영부
- 노사업무실
- 회계세무부

**디지털전략처**
- 디지털혁신부
- 정보보안부
- ICT인프라부
- 비상계획부

**발전처**
- 발전계획실
- 발전운영부
- 전력거래부
- 연구기술부

**건설처**
- 건설기획실
- 기계기술부
- 계전기술부
- 토건기술부

**환경품질처**
- 기후환경부
- 환경기술부
- 품질경영부

**그린뉴딜사업처**
- 신재생총괄실
- 수소경제사업부
- 태양광사업부
- 풍력사업부

**해외사업처**
- 해외총괄실
- 해외사업개발부
- 해외그린뉴딜부
- 해외수력부

**조달계약처**
- 에코연료부
- 연료조달부
- LNG부
- 계약자재부

**5** **발전소 운영**

### (1) 영흥발전본부

영흥발전본부는 국내 최초 800MW급 대용량 석탄화력발전소로서 고효율, 최첨단·친환경 설비를 갖추고 수도권 전력 사용량의 약 23%에 달하는 전력을 공급하며 안정적인 수도권 전력공급에 중추적인 역할을 수행하고 있다. 또한 8MWp급 태양광 발전소를 비롯하여 12.6MW급 해양 소수력발전소와 46MW급 국산 풍력발전단지 및 ESS(Energy Storage System) 운영으로 Clean & Smart Energy Complex로 발돋움하고 있다. 한편, 지난 2007년 개관, 9년 만에 100만 관람객을 돌파한 에너지파크는 전기의 생성 원리, 발전과정 등을 쉽게 이해하고 체험할 수 있는 에듀테인먼트 전시관으로, 청소년들의 과학교육과 지역주민의 문화생활 공간은 물론 수도권 관광명소로 자리매김하고 있다.

### (2) 삼천포발전본부

삼천포발전본부는 국내 최초 500MW급 대용량 석탄화력발전소로서 총 설비용량 3,240MW를 자랑하는 남부지역의 대규모 화력발전단지이다. 저열량탄을 활용한 친환경 연소기술 집중 개발 중이고, 탈황·탈질설비 등의 최첨단 환경설비를 설치하였으며 석탄회 재활용을 위한 정제공장을 가동하고 있다. 국내 최초의 태양광발전 상업운전, 세계 최초의 냉각수를 활용한 6,000kW 해양소수력 개발·운전 등 다양한 신·재생 자원을 활용한 친환경 에너지를 생산하여 지구 기후환경 변화에 선도적으로 대응하고 저탄소 녹색성장을 주도함으로써 미래를 창조하는 글로벌 에너지 기업으로 성장하고 있습니다.

### (3) 분당발전본부

분당발전본부는 신도시 에너지수급대책으로 1991년 5월 착공하여 1993년(574MW : GT5기/ST1기), 1997년(348MW : GT3기/ST1기) 2차에 걸쳐 준공되었다. 또한 분당발전본부는 청정연료인 LNG를 사용하여 수도권 전력과 난방열을 생산하고 있으며, 소음방지 등 환경설비의 지속적인 개선으로 환경오염이 없는 친환경 발전소로, 2018년 무재해 22배수를 달성하였다. 또한 발전회사 최초로 연료전지를 설치 이래, 6단계까지 총 42.23MW를 가동 중에 있으며, Sun Tree & Sun Flower 태양광 설비를 운전 중에 있습니다. 「인간존중, 자연애호, 사회공헌」의 기업이념을 바탕으로 지역주민과 함께, 온 국민이 풍요롭고 행복한 삶을 누릴 수 있는 희망찬 미래사회를 구현해 나가고, 나눔봉사단 등 다양한 사회공헌활동으로 '함께하는 사랑, 따뜻한 사회'를 만들기 위해 노력하고 있다.

### (4) 영동에코발전본부

영동에코발전본부는 국내무연탄과 유류를 혼소하는 발전설비로 탄생되었으나 석탄산업합리화에 따른 무연탄 공급 물량 감소와 유가 상승에 따른 경영위기를 극복하고자 연료의 블루오션 전략을 추진하였다. 2004년 12월부터 2호기 유연탄 혼소 비율의 단계적 증대시험을 시작으로, 2007년 2월에는 유연탄 전소시험을 성공하여 석탄전소 발판을 마련하였으며, 1호기는 2009년 12월 석탄공급계통 및 연소설비개선과 수차례의 중유 제로화 시험을 통한 연소기술력 축적으로 석탄전소를 성공적으로 수행하였다. 장기운영에 따른 설비 효율 저감에 대응하고 환경물질배출량을 감소하기 위해 국내 최초, 최대 용량의 우드펠릿 전소 발전방식을 도입하며 미래 에너지산업이 가야할 방향을 선도하고 있다.

### (5) 여수발전본부

여수발전본부는 1977년 중유전소 발전소로 건설되었으나, 에너지 환경변화에 대응하고 효율적인 설비운영을 위하여 저렴하고 다양한 연료를 사용하는 순환유동층 발전소로 전환하였다. 중유 제2호기(300MW)를 2011년 9월 순환유동층 보일러로 설비를 교체하였고(328.6MW), 2016년 8월 중유 제1호기(200MW) 또한 새롭게 건설 준공하여(340MW) 주변지역 및 여수 국가산업단지에 전력을 안정적으로 공급하고 있다. 특히, 친환경 연료혼소를 통한 온실가스 감축, 신재생 에너지 개발 등 녹색경영을 선도하고 있으며, 그 공로를 인정받아 녹색경영대상 국무총리 표창(2016년), 자원순환 선도 기업 대통령 표창(2013년)을 수상하였고 차별적 안전관리를 통해 안전경영대상(2014년), KOSHA / OHSAS 18001 인증으로 안전관리 부문에서 우수성을 인정받은 환경 친화적이고 안전한 발전소이다.

# 02 채용안내

### 1 인재상

**(1) 개방형 인재**

다양하게 소통하고 협업하는 개방형 인재

**(2) 실행형 인재**

명확한 목표를 향해 스스로 행동하고 성과를 만들어내는 실행형 인재

**(3) 학습형 인재**

남다른 생각과 학습을 통해 새로운 기회를 만드는 학습형 인재

### 2 인사제도 및 운영

| | | 6/8/10년 | | | | 5년 | | |
|---|---|---|---|---|---|---|---|---|
| 직원 | → | 차장 | → | 부장 | → | 처장(1직급 을) | → | 처장(1직급 갑) |
| | | 7년 | | | | | 2년 | |

**(1) 승진기간**

차장으로의 승진기간은 군 경력을 포함하여 4(을)직급 1등급 수준 입사자는 최소 6년, 4(병)직급 2등급 수준 입사자는 최소 8년. 4(병)직급 1등급 수준 입사자는 최소 10년 소요

## (2) 배치기준

① 적재적소의 원칙

② 기회균등의 원칙

③ 욕구충족의 원칙

## (3) 이동

① 종류 … 정기이동(년), 비정기 이동(수시)

② 사유 … 능력 및 적성배치, 결원충원, 고충처리 등

③ 대상사업소 … 본사 및 사업소 제한 없음

## 3 근무시간 및 휴가

### (1) 근무시간

① 평일 … 09 : 00 ~ 18 : 00

② 주 40시간 근로에 따라 토요일 휴무제 시행

### (2) 휴가

① 연차휴가

② 경조휴가

③ 특별휴가

## 4 복리후생

### (1) 주택지원

① 사택·합숙소 제공(지방근무자)

② 주택구입(7천만 원) 및 임차자금(5천만 원) 지원

③ 전세사택 및 재경합숙소 운영

### (2) 복리후생

① 중고자녀학자금 보조

② 직원 및 직원가족 건강진단, 진료비 할인(한일병원)

③ 생활연수원(속초, 수안보, 무주) 및 하계휴양소 운영

### (3) 복지기금

① 대학학자금

② 생활안정자금(3천만 원)

③ 경조사비

④ 명절기념품 지급 등 사내근로복지기금 운용

### (4) 복지 포인트 제도

개인별 기준 포인트 범위 내에서 희망에 따라 자율적으로 선택(기념품 구입, 문화 활동 및 자기계발비, 병원진료비 등)하는 복지제도 운영

### (5) 교육지원

수도권대학 재학 자녀를 위한 재경학사관 운영

## 5 채용공고

### (1) 채용 예정인원

(단위 : 명)

| 구분 | | | 사무<br>법정 | 사무<br>상경 | 기계 | 전기 | 화학 | 토목 | 건축 | ICT | 안전<br>관리 | 보건<br>관리 | 합계 |
|---|---|---|---|---|---|---|---|---|---|---|---|---|---|
| 대졸수준 | 신입 | 일반 | 3 | 4 | 46 | 43 | 9 | 4 | 5 | 3 | – | 1 | 118 |
| | | 보훈 | 1 | 1 | 5 | 5 | 3 | 1 | 1 | – | – | – | 17 |
| | | 장애 | – | 1 | 5 | 5 | 2 | – | – | – | – | – | 13 |
| 합계 | | | 4 | 6 | 56 | 53 | 14 | 5 | 6 | 3 | 0 | 1 | 148 |

※ 음영 표시된 채용분야는 「혁신도시법」에 의한 이전지역인재 채용목표제 적용대상(5명 초과채용)분야
※ 안전 및 보건관리직은 안전부서 10년 근무조건

### (2) 근무지역

본사(진주) 및 사업소(고성, 인천, 여수, 성남, 강릉 등)

### (3) 응시자격

① 공통

| 구분 | 주요 내용 |
|---|---|
| 학력 · 전공 | 제한 없음 |
| 연령 | 제한 없음[단, 취업규칙상 정년(만 60세) 초과자 제외] |
| 외국어 | 제한 없음 |
| 병역 | 병역필(입사일 이전 전역가능자 포함) 또는 면제자 |
| 기타 | • 당사 인사관리규정 결격사유에 해당하지 않는 자<br>• 입사일로부터 정상근무가 가능한 자 |

② 신입(일반, 보훈, 장애, 보건관리)

| 구분 | 주요내용 |
|---|---|
| 자격요건 | • [일반] 제한없음<br>• [보훈] 보훈 관련 법령에 의한 취업지원대상자<br>• [장애] 「장애인고용촉진 및 직업재활법」에 의한 장애인 등록자<br>• [보건관리] 산업위생관리기사, 산업위생관리기술사, 산업보건지도사(산업위생분야) 중 1개 이상 보유자 |
| 외국어* | • [일반·보건관리] 토익 700점 이상<br>• [장애·보훈]　　토익 500점 이상<br>※ 영어 스피킹 등 전환 성적 인정 |

*유효성적 : 접수마감일 기준 최근 2년 이내 국내정기시험 성적에 한하며, 국외응시·조회불가 성적·특별시험 성적 등은 불인정(TOEFL은 국외응시 성적 가능)
('19년 3월 9일 이후 응시하고 '21년 3월 8일까지 발표한 성적에 한함)

## (4) 전형절차

채용공고 원서접수 ⇨ 서류전형 ⇨ 증빙서류 등록 ⇨ 필기전형 ⇨ 면접전형 ⇨ 수습임용

## (5) 전형방법

| 구분 | 전형방법 | 비고 |
|---|---|---|
| 1차<br>(서류) | • 자기소개서 적부판정<br>-불성실기재자 제외(동일답변 반복, 의미 없는 문장입력, 비속어, 회사명오기, 질문과 무관한 답변, 블라인드 위배(성명, 학교명 등), 분량부족 등) | |
| 2차<br>(필기) | • 인성검사(적부판단, 평가항목별 하위 5% 수준 부적합)<br>-조직적응성 및 도덕성, 대인관계 등 인성 전반<br>• NCS선발평가(100점) : 105문항<br>-직업기초능력(40점) : 45문항(의사소통, 문제해결, 자원관리)<br>-직무수행능력(60점) : 60문항(각 직군별 직무지식)<br>• 자격증 등 가점 | • 선발인원 -4명 이하 : 3배수<br>• 5명 이상 : 2.5배수 (소수점 반올림) |
| 3차<br>(면접) | • 인성역량면접(60점)+상황면접(40점)<br>※ 코로나19 상황 지속시 온라인 면접 시행 가능 | |
| 합격예정자 결정 | • 총점(면접점수 60%+필기점수 40%) 순으로 채용예정인원의 1배수 | |
| 최종 | • 신체검사·신원조회·비위면직자 조회 등 | |

※ 전형별 40점 미만은 가점 미적용
  - 필기전형 40점 미만 과락
  - 면접전형 60점 미만 과락(가점 포함)

## (6) 채용 시 우대제도

① 가점사항

| 구분 | 가점대상 | 가점 적용내용 | 비고 |
|---|---|---|---|
| 공통 | 취업지원(보훈) 대상자 | 전형 전 단계별 만점의 5~10%<br>- 증명서상 가점 적용 | 가점이 2개 이상일 경우, 상위 1개만 적용<br>3명 이하 모집직군은 보훈가점없음<br>(국가유공자법 적용) |
| 공통 | 장애인 | 전형 전 단계별 만점의 10% | |
| 공통 | 저소득층가정<br>(기초생활수급자, 한부모가정) | 필기전형 만점의 5% | |
| 공통 | 다문화가정<br>(다문화가족의 자녀) | 필기전형 만점의 5% | |
| 공통 | 발전소주변지역 주민 | 필기전형 만점의 10% | |
| 신입1 | 한국사 자격증 | 필기전형 만점의 3~5% | |
| 신입2 | 전공 자격증 | 필기전형 만점의 1.5~10% | 상위자격증 1개 적용 |

※ 신입 : 가점유형간(공통, 신입1, 신입2) 중복가점 적용
※ 필기, 면접전형 점수가 40점 미만인 경우 가점 미적용

② 채용목표제 시행

　㉠ 본사 이전지역(경남)인재 : 전 단계별 선발인원의 27%
　　• 대상자 : 대학까지의 최종학력(대학원 이상 제외)을 기준으로 당사 본사 이전지역인 경남지역 소재학교 졸업예정자 또는 졸업자(모집인원 5명 초과인 직군에 한함)
　　• 적용방안 : 전형단계별 본사 이전지역인재 합격인원이 당초 합격예정인원이 27%에 미달할 경우 본사 이전지역인재 불합격자 중에서 고득점 순으로 추가 선발 (단, 합격선 -5점 이내)
　㉡ 양성평등 채용목표제 시행 : 필기전형 선발인원의 15%
　　• 대상자 : 기계, 전기직군(모집인원 5명 초과일 경우) 여성 지원자
　　• 적용방안 : 필기전형 공개경쟁 순위에 의해 필기합격인원을 선발하고, 채용목표 미달 시 여성지원자 중에서 고득점자 순으로 추가 선발(단, 합격선 -5점 이내)

# 03 관련기사

## 한국형 통합발전소(VPP) 도입을 견인하기 위한 첫발을 내딛어

### 재생에너지 발전량 예측제도 기반 KOEN형 전력중개사업 본격 시행!

한국남동발전(사장 유향열)이 분산된 소규모 재생에너지의 효율적 관리를 위해 태양광, 풍력발전 발전량 예측을 통한 'KOEN형 전력중개사업'을 본격 시작한다. 'KOEN형 전력중개사업'은 민간에서 운영하는 1㎿이하 태양광·풍력 자원을 모집하여 20㎿ 이상 집합자원으로 구성해 재생에너지 발전량 예측제도에 참여하는 사업이다.

한국남동발전은 이를 위해 'KOEN 가상발전소 플랫폼 비즈니스 센터' 구축하고, 20MW 이상 모집한 재생에너지의 발전 데이터를 수집·분석하여 기상정보를 반영한 예측 발전량을 전력거래소에 입찰하게 된다. 이렇게 입찰한 예측발전량의 정확도에 따라 정산금을 지급받는 구조이며, 남동발전은 지급받은 정산금을 자원보유자에게 최대한 배분할 계획이다. 특히 자원보유자는 자원활용동의(계약) 외 별도 투자비가 없어 적극적인 참여를 유도할 수 있을 것으로 전망된다.

이 일환으로 한국남동발전은 17일 경남과학기술대학교 내동캠퍼스에 위치한 KOEN 가상발전소 플랫폼 비즈니스 센터에서 KOEN형 전력중개사업의 선제적 추진과 초기시장 형성 및 활성화를 위해 분산전원 통합발전소(VPP) 솔루션 개발 벤처기업인 브이젠과 '재생에너지 발전량 예측제도 기반 전력중개사업 공동추진 업무협약'을 체결했다.

이날 협약을 통해 남동발전은 KOEN 가상발전소 플랫폼 비즈니스 센터 장소 제공과 전력중개사업 참여대상 Pool 확보 및 자원보유자 모집 등을 진행하게 되고, 브이젠은 모집된 자원을 KOEN 가상발전소 플랫폼 비즈니스 센터에 연계하고, 발전량 예측 정확도 확보를 위한 알고리즘 고도화 등을 담당하게 된다. 또한 양 측은 20㎿ 규모의 집합자원으로 전력거래소에서 시행 예정인 2차 실증사업에 참여하여 분산전원 통합발전소(VPP) 예측 정확도 기술수준을 대외에 알리고, 소규모 자원보유자들의 수익증대와 효율적 설비관리를 통한 전력계통 안정성에 기여하는 사업모델로 발전시켜 나갈 계획이다.

박희장 한국남동발전 그린뉴딜사업처장은 "향후 전력시장은 흩어진 분산에너지를 통합하여 전력시장에 입찰하고 관리하는 한국형 통합발전소(VPP) 제도 도입을 통해 새로운 비즈니스 기회를 확보할 것으로 예상되며, 재생에너지 발전량 예측기술을 활용한 전력중개사업 성공을 이끌어 나가겠다"고 말했다.

– 2021. 2. 17.

| 면접질문 | • 전력중개사업에 대해 아는 대로 말해보시오.<br>• 당사가 추진하고 있는 한국형 통합발전소는 어떠한 기능을 하게 될 것인지 말해보시오. |
| --- | --- |

## 한국남동발전, 기업규제해소 위한 기업성장응답센터 오픈

### 지속가능한 규제혁신시스템 마련을 위한 첫 걸음

한국남동발전(사장 유향열)은 16일 진주 본사에서 중소기업에 대한 불합리한 규제를 해소하고, 정부가 추진 중인 기업활력시스템을 조기에 정착하기 위해 온·오프라인 기업성장응답센터 (이하 센터) 개소식을 개최했다고 밝혔다.

기업성장응답센터는 정부의 '공공기관 기업활력시스템 구축·운영' 가이드라인 일환으로 지난해 12월 조직개편 당시 설치되어 불합리한 중소기업 규제애로 해소, 기업민원 피해방지를 위한 보호제도 마련과 확산, 정부정책 제도 개선, 법령개정 등 독자적으로 해결하기 어려운 과제들 또한 '중소기업 옴부즈만'과 협업하여 해결하는 역할을 수행한다. 이에 남동발전은 본사 1층에 별도의 전용상담창구를 마련하여 코로나19 감염확산 방지와 기업민원 내방고객의 접근 편의성을 도모하였다. 또한 회사 홈페이지에 규제애로를 신고하는 응답센터를 마련하여 "기업규제애로 상시발굴을 위한 체계적인 규제혁신 시스템"을 온·오프라인으로 갖추게 되었다.

이날 개소식에서 남동발전은 기업활력시스템 조기정착과 활성화를 위해 기업성장응답센터를 소개하는 리플릿을 제작, 전사 직원에게 배부함으로써 안에서 밖으로 퍼져나가는 친기업문화 조성의 초석을 마련하였다. 앞서 1월 남동발전은 기업민원 신고자에 대한 불이익이나 차별을 금지하는 기업민원보호 온라인 서약을 전직원을 대상으로 진행한 바 있다.

배영진 한국남동발전 신사업본부장은 "향후 정부의 기업활력시스템 구축과 운영이 착근될 수 있도록 적극적인 규제애로 발굴, 자체규제 정비, 전직원 대상 교육홍보 강화, 발전공기업 및 혁신도시 내 공공기관 간 정기교류 등을 진행하여 좀 더 수준 높은 기업민원행정서비스를 제공하겠다"면서 "한국남동발전 기업성장응답센터가 중소기업의 활력을 제고하고 규제혁신의 사각지대를 해소할 수 있도록 아낌없이 지원하겠다"고 말하며 행사를 마무리하였다.

– 2021. 2. 16.

| 면접질문 | • 정부에서 추진하는 기업활력시스템에 대해 말해보시오.<br>• 당사의 기업성장응답센터 운영을 통한 기대이익에 대해 말해보시오. |
| --- | --- |

# PART Ⅱ

# 인성검사

# 01 인성검사의 개요

## 1 인성(성격)검사의 개념과 목적

인성(성격)이란 개인을 특징짓는 평범하고 일상적인 사회적 이미지, 즉 지속적이고 일관된 공적 성격(Public - personality)이며, 환경에 대응함으로써 선천적·후천적 요소의 상호작용으로 결정화된 심리적·사회적 특성 및 경향을 의미한다.

인성검사는 직무적성검사를 실시하는 대부분의 기업체에서 병행하여 실시하고 있으며, 인성검사만 독자적으로 실시하는 기업도 있다.

기업체에서는 인성검사를 통하여 각 개인이 어떠한 성격 특성이 발달되어 있고, 어떤 특성이 얼마나 부족한지, 그것이 해당 직무의 특성 및 조직문화와 얼마나 맞는지를 알아보고 이에 적합한 인재를 선발하고자 한다. 또한 개인에게 적합한 직무 배분과 부족한 부분을 교육을 통해 보완하도록 할 수 있다.

인성검사의 측정요소는 검사방법에 따라 차이가 있다. 또한 각 기업체들이 사용하고 있는 인성검사는 기존에 개발된 인성검사방법에 각 기업체의 인재상을 적용하여 자신들에게 적합하게 재개발하여 사용하는 경우가 많다. 그러므로 기업체에서 요구하는 인재상을 파악하여 그에 따른 대비책을 준비하는 것이 바람직하다. 본서에서 제시된 인성검사는 크게 '특성'과 '유형'의 측면에서 측정하게 된다.

## 2 성격의 특성

### (1) 정서적 측면

정서적 측면은 평소 마음의 당연시하는 자세나 정신상태가 얼마나 안정되어 있는지 또는 불안정한지를 측정한다.

정서의 상태는 직무수행이나 대인관계와 관련하여 태도나 행동으로 드러난다. 그러므로 정서적 측면을 측정하는 것에 의해, 장래 조직 내의 인간관계에 어느 정도 잘 적응할 수 있을까(또는 적응하지 못할까)를 예측하는 것이 가능하다.

그렇기 때문에, 정서적 측면의 결과는 채용 시에 상당히 중시된다. 아무리 능력이 좋아도 장기적으로 조직 내의 인간관계에 잘 적응할 수 없다고 판단되는 인재는 기본적으로는 채용되지 않는다.

일반적으로 인성(성격)검사는 채용과는 관계없다고 생각하나 정서적으로 조직에 적응하지 못하는 인재는 채용단계에서 가려내지는 것을 유의하여야 한다.

① **민감성**(신경도) … 꼼꼼함, 섬세함, 성실함 등의 요소를 통해 일반적으로 신경질적인지 또는 자신의 존재를 위협받는다는 불안을 갖기 쉬운지를 측정한다.

| 질문 | 전혀 그렇지 않다 | 그렇지 않다 | 그렇다 | 매우 그렇다 |
|---|---|---|---|---|
| • 배려적이라고 생각한다. | | | | |
| • 어지러진 방에 있으면 불안하다. | | | | |
| • 실패 후에는 불안하다. | | | | |
| • 세세한 것까지 신경쓴다. | | | | |
| • 이유 없이 불안할 때가 있다. | | | | |

▶측정결과

㉠ **'그렇다'가 많은 경우**(상처받기 쉬운 유형) : 사소한 일에 신경 쓰고 다른 사람의 사소한 한마디 말에 상처를 받기 쉽다.
- **면접관의 심리** : '동료들과 잘 지낼 수 있을까?', '실패할 때마다 위축되지 않을까?'
- **면접대책** : 다소 신경질적이라도 능력을 발휘할 수 있다는 평가를 얻도록 한다. 주변과 충분한 의사소통이 가능하고, 결정한 것을 실행할 수 있다는 것을 보여주어야 한다.

㉡ **'그렇지 않다'가 많은 경우**(정신적으로 안정적인 유형) : 사소한 일에 신경 쓰지 않고 금방 해결하며, 주위 사람의 말에 과민하게 반응하지 않는다.
- **면접관의 심리** : '계약할 때 필요한 유형이고, 사고 발생에도 유연하게 대처할 수 있다.'
- **면접대책** : 일반적으로 '민감성'의 측정치가 낮으면 플러스 평가를 받으므로 더욱 자신감 있는 모습을 보여준다.

② **자책성(과민도)** ··· 자신을 비난하거나 책망하는 정도를 측정한다.

| 질문 | 전혀 그렇지 않다 | 그렇지 않다 | 그렇다 | 매우 그렇다 |
|---|---|---|---|---|
| • 후회하는 일이 많다.<br>• 자신이 하찮은 존재라 생각된다.<br>• 문제가 발생하면 자기의 탓이라고 생각한다.<br>• 무슨 일이든지 끙끙대며 진행하는 경향이 있다.<br>• 온순한 편이다. | | | | |

▶측정결과
㉠ '그렇다'가 많은 경우(자책하는 유형) : 비관적이고 후회하는 유형이다.
• 면접관의 심리 : '끙끙대며 괴로워하고, 일을 진행하지 못할 것 같다.'
• 면접대책 : 기분이 저조해도 항상 의욕을 가지고 생활하는 것과 책임감이 강하다는 것을 보여준다.
㉡ '그렇지 않다'가 많은 경우(낙천적인 유형) : 기분이 항상 밝은 편이다.
• 면접관의 심리 : '안정된 대인관계를 맺을 수 있고, 외부의 압력에도 흔들리지 않는다.'
• 면접대책 : 일반적으로 '자책성'의 측정치가 낮아야 좋은 평가를 받는다.

③ **기분성(불안도)** ··· 기분의 굴곡이나 감정적인 면의 미숙함이 어느 정도인지를 측정하는 것이다.

| 질문 | 전혀 그렇지 않다 | 그렇지 않다 | 그렇다 | 매우 그렇다 |
|---|---|---|---|---|
| • 다른 사람의 의견에 자신의 결정이 흔들리는 경우가 많다.<br>• 기분이 쉽게 변한다.<br>• 종종 후회한다.<br>• 다른 사람보다 의지가 약한 편이라고 생각한다.<br>• 금방 싫증을 내는 성격이라는 말을 자주 듣는다. | | | | |

▶측정결과
㉠ '그렇다'가 많은 경우(감정의 기복이 많은 유형) : 의지력보다 기분에 따라 행동하기 쉽다.
• 면접관의 심리 : '감정적인 것에 약하며, 상황에 따라 생산성이 떨어지지 않을까?'
• 면접대책 : 주변 사람들과 항상 협조한다는 것을 강조하고 한결같은 상태로 일할 수 있다는 평가를 받도록 한다.
㉡ '그렇지 않다'가 많은 경우(감정의 기복이 적은 유형) : 감정의 기복이 없고, 안정적이다.
• 면접관의 심리 : '안정적으로 업무에 임할 수 있다.'
• 면접대책 : 기분성의 측정치가 낮으면 플러스 평가를 받으므로 자신감을 가지고 면접에 임한다.

④ **독자성**(개인도) … 주변에 대한 견해나 관심, 자신의 견해나 생각에 어느 정도의 속박감을 가지고 있는지를 측정한다.

| 질문 | 전혀 그렇지 않다 | 그렇지 않다 | 그렇다 | 매우 그렇다 |
|---|---|---|---|---|
| • 창의적 사고방식을 가지고 있다.<br>• 융통성이 있는 편이다.<br>• 혼자 있는 편이 많은 사람과 있는 것보다 편하다.<br>• 개성적이라는 말을 듣는다.<br>• 교제는 번거로운 것이라고 생각하는 경우가 많다. | | | | |

▶측정결과

㉠ '그렇다'가 많은 경우 : 자기의 관점을 중요하게 생각하는 유형으로, 주위의 상황보다 자신의 느낌과 생각을 중시한다.
 • 면접관의 심리 : '제멋대로 행동하지 않을까?'
 • 면접대책 : 주위 사람과 협조하여 일을 진행할 수 있다는 것과 상식에 얽매이지 않는다는 인상을 심어준다.
㉡ '그렇지 않다'가 많은 경우 : 상식적으로 행동하고 주변 사람의 시선에 신경을 쓴다.
 • 면접관의 심리 : '다른 직원들과 협조하여 업무를 진행할 수 있겠다.'
 • 면접대책 : 협조성이 요구되는 기업체에서는 플러스 평가를 받을 수 있다.

⑤ **자신감**(자존심도) … 자기 자신에 대해 얼마나 긍정적으로 평가하는지를 측정한다.

| 질문 | 전혀 그렇지 않다 | 그렇지 않다 | 그렇다 | 매우 그렇다 |
|---|---|---|---|---|
| • 다른 사람보다 능력이 뛰어나다고 생각한다.<br>• 다소 반대의견이 있어도 나만의 생각으로 행동할 수 있다.<br>• 나는 다른 사람보다 기가 센 편이다.<br>• 동료가 나를 모욕해도 무시할 수 있다.<br>• 대개의 일을 목적한 대로 헤쳐나갈 수 있다고 생각한다. | | | | |

▶측정결과

㉠ '그렇다'가 많은 경우 : 자기 능력이나 외모 등에 자신감이 있고, 비판당하는 것을 좋아하지 않는다.
  • 면접관의 심리 : '자만하여 지시에 잘 따를 수 있을까?'
  • 면접대책 : 다른 사람의 조언을 잘 받아들이고, 겸허하게 반성하는 면이 있다는 것을 보여주고, 동료들과 잘 지내며 리더의 자질이 있다는 것을 강조한다.
㉡ '그렇지 않다'가 많은 경우 : 자신감이 없고 다른 사람의 비판에 약하다.
  • 면접관의 심리 : '패기가 부족하지 않을까?', '쉽게 좌절하지 않을까?'
  • 면접대책 : 극도의 자신감 부족으로 평가되지는 않는다. 그러나 마음이 약한 면은 있지만 의욕적으로 일을 하겠다는 마음가짐을 보여준다.

⑥ **고양성**(분위기에 들뜨는 정도) … 자유분방함, 명랑함과 같이 감정(기분)의 높고 낮음의 정도를 측정한다.

| 질문 | 전혀 그렇지 않다 | 그렇지 않다 | 그렇다 | 매우 그렇다 |
|---|---|---|---|---|
| • 침착하지 못한 편이다.<br>• 다른 사람보다 쉽게 우쭐해진다.<br>• 모든 사람이 아는 유명인사가 되고 싶다.<br>• 모임이나 집단에서 분위기를 이끄는 편이다.<br>• 취미 등이 오랫동안 지속되지 않는 편이다. | | | | |

▶측정결과

㉠ '그렇다'가 많은 경우 : 자극이나 변화가 있는 일상을 원하고 기분을 들뜨게 하는 사람과 친밀하게 지내는 경향이 강하다.
- 면접관의 심리 : '일을 진행하는 데 변덕스럽지 않을까?'
- 면접대책 : 밝은 태도는 플러스 평가를 받을 수 있지만, 착실한 업무능력이 요구되는 직종에서는 마이너스 평가가 될 수 있다. 따라서 자기조절이 가능하다는 것을 보여준다.

㉡ '그렇지 않다'가 많은 경우 : 감정이 항상 일정하고, 속을 드러내 보이지 않는다.
- 면접관의 심리 : '안정적인 업무 태도를 기대할 수 있겠다.'
- 면접대책 : '고양성'의 낮음은 대체로 플러스 평가를 받을 수 있다. 그러나 '무엇을 생각하고 있는지 모르겠다' 등의 평을 듣지 않도록 주의한다.

⑦ 허위성(진위성) ··· 필요 이상으로 자기를 좋게 보이려 하거나 기업체가 원하는 '이상형'에 맞춘 대답을 하고 있는지, 없는지를 측정한다.

| 질문 | 전혀 그렇지 않다 | 그렇지 않다 | 그렇다 | 매우 그렇다 |
|---|---|---|---|---|
| • 약속을 깨뜨린 적이 한 번도 없다.<br>• 다른 사람을 부럽다고 생각해 본 적이 없다.<br>• 꾸지람을 들은 적이 없다.<br>• 사람을 미워한 적이 없다.<br>• 화를 낸 적이 한 번도 없다. | | | | |

▶측정결과

㉠ '그렇다'가 많은 경우 : 실제의 자기와는 다른, 말하자면 원칙으로 해답할 가능성이 있다.
- 면접관의 심리 : '거짓을 말하고 있다.'
- 면접대책 : 조금이라도 좋게 보이려고 하는 '거짓말쟁이'로 평가될 수 있다. '거짓을 말하고 있다.'는 마음 따위가 전혀 없다 해도 결과적으로는 정직하게 답하지 않는다는 것이 되어 버린다. '허위성'의 측정 질문은 구분되지 않고 다른 질문 중에 섞여 있다. 그러므로 모든 질문에 솔직하게 답하여야 한다. 또한 자기 자신과 너무 동떨어진 이미지로 답하면 좋은 결과를 얻지 못한다. 그리고 면접에서 '허위성'을 기본으로 한 질문을 받게 되므로 당황하거나 또다른 모순된 답변을 하게 된다. 겉치레를 하거나 무리한 욕심을 부리지 말고 '이런 사회인이 되고 싶다.'는 현재의 자신보다, 조금 성장한 자신을 표현하는 정도가 적당하다.

㉡ '그렇지 않다'가 많은 경우 : 냉정하고 정직하며, 외부의 압력과 스트레스에 강한 유형이다. '대쪽 같음'의 이미지가 굳어지지 않도록 주의한다.

## (2) 행동적인 측면

행동적 측면은 인격 중에 특히 행동으로 드러나기 쉬운 측면을 측정한다. 사람의 행동 특징 자체에는 선도 악도 없으나, 일반적으로는 일의 내용에 의해 원하는 행동이 있다. 때문에 행동적 측면은 주로 직종과 깊은 관계가 있는데 자신의 행동 특성을 살려 적합한 직종을 선택한다면 플러스가 될 수 있다.

행동 특성에서 보여지는 특징은 면접장면에서도 드러나기 쉬운데 본서의 모의 TEST의 결과를 참고하여 자신의 태도, 행동이 면접관의 시선에 어떻게 비치는지를 점검하도록 한다.

① **사회적 내향성** … 대인관계에서 나타나는 행동경향으로 '낯가림'을 측정한다.

| 질문 | 선택 |
|---|---|
| A : 파티에서는 사람을 소개받은 편이다.<br>B : 파티에서는 사람을 소개하는 편이다. | |
| A : 처음 보는 사람과는 어색하게 시간을 보내는 편이다.<br>B : 처음 보는 사람과는 즐거운 시간을 보내는 편이다. | |
| A : 친구가 적은 편이다.<br>B : 친구가 많은 편이다. | |
| A : 자신의 의견을 말하는 경우가 적다.<br>B : 자신의 의견을 말하는 경우가 많다. | |
| A : 사교적인 모임에 참석하는 것을 좋아하지 않는다.<br>B : 사교적인 모임에 항상 참석한다. | |

▶측정결과

㉠ **'A'가 많은 경우** : 내성적이고 사람들과 접하는 것에 소극적이다. 자신의 의견을 말하지 않고 조심스러운 편이다.
  • **면접관의 심리** : '소극적인데 동료와 잘 지낼 수 있을까?'
  • **면접대책** : 대인관계를 맺는 것을 싫어하지 않고 의욕적으로 일을 할 수 있다는 것을 보여준다.
㉡ **'B'가 많은 경우** : 사교적이고 자기의 생각을 명확하게 전달할 수 있다.
  • **면접관의 심리** : '사교적이고 활동적인 것은 좋지만, 자기주장이 너무 강하지 않을까?'
  • **면접대책** : 협조성을 보여주고, 자기주장이 너무 강하다는 인상을 주지 않도록 주의한다.

② 내성성(침착도) ··· 자신의 행동과 일에 대해 침착하게 생각하는 정도를 측정한다.

| 질문 | 선택 |
|---|---|
| A : 시간이 걸려도 침착하게 생각하는 경우가 많다.<br>B : 짧은 시간에 결정을 하는 경우가 많다. | |
| A : 실패의 원인을 찾고 반성하는 편이다.<br>B : 실패를 해도 그다지(별로) 개의치 않는다. | |
| A : 결론이 도출되어도 몇 번 정도 생각을 바꾼다.<br>B : 결론이 도출되면 신속하게 행동으로 옮긴다. | |
| A : 여러 가지 생각하는 것이 능숙하다.<br>B : 여러 가지 일을 재빨리 능숙하게 처리하는 데 익숙하다. | |
| A : 여러 가지 측면에서 사물을 검토한다.<br>B : 행동한 후 생각을 한다. | |

▶측정결과

㉠ 'A'가 많은 경우 : 행동하기 보다는 생각하는 것을 좋아하고 신중하게 계획을 세워 실행한다.
• 면접관의 심리 : '행동으로 실천하지 못하고, 대응이 늦은 경향이 있지 않을까?'
• 면접대책 : 발로 뛰는 것을 좋아하고, 일을 더디게 한다는 인상을 주지 않도록 한다.

㉡ 'B'가 많은 경우 : 차분하게 생각하는 것보다 우선 행동하는 유형이다.
• 면접관의 심리 : '생각하는 것을 싫어하고 경솔한 행동을 하지 않을까?'
• 면접대책 : 계획을 세우고 행동할 수 있는 것을 보여주고 '사려깊다'라는 인상을 남기도록 한다.

③ 신체활동성 … 몸을 움직이는 것을 좋아하는가를 측정한다.

| 질문 | 선택 |
|---|---|
| A : 민첩하게 활동하는 편이다.<br>B : 준비행동이 없는 편이다. | |
| A : 일을 척척 해치우는 편이다.<br>B : 일을 더디게 처리하는 편이다. | |
| A : 활발하다는 말을 듣는다.<br>B : 얌전하다는 말을 듣는다. | |
| A : 몸을 움직이는 것을 좋아한다.<br>B : 가만히 있는 것을 좋아한다. | |
| A : 스포츠를 하는 것을 즐긴다.<br>B : 스포츠를 보는 것을 좋아한다. | |

▶측정결과
㉠ 'A'가 많은 경우 : 활동적이고, 몸을 움직이게 하는 것이 컨디션이 좋다.
 • 면접관의 심리 : '활동적으로 활동력이 좋아 보인다.'
 • 면접대책 : 활동하고 얻은 성과 등과 주어진 상황의 대응능력을 보여준다.
㉡ 'B'가 많은 경우 : 침착한 인상으로, 차분하게 있는 타입이다.
 • 면접관의 심리 : '좀처럼 행동하려 하지 않아 보이고, 일을 빠르게 처리할 수 있을까?'

④ 지속성(노력성) … 무슨 일이든 포기하지 않고 끈기 있게 하려는 정도를 측정한다.

| 질문 | 선택 |
|---|---|
| A : 일단 시작한 일은 시간이 걸려도 끝까지 마무리한다.<br>B : 일을 하다 어려움에 부딪히면 단념한다. | |
| A : 끈질긴 편이다.<br>B : 바로 단념하는 편이다. | |
| A : 인내가 강하다는 말을 듣는다.<br>B : 금방 싫증을 낸다는 말을 듣는다. | |
| A : 집념이 깊은 편이다.<br>B : 담백한 편이다. | |
| A : 한 가지 일에 구애되는 것이 좋다고 생각한다.<br>B : 간단하게 체념하는 것이 좋다고 생각한다. | |

> ▶측정결과
> ㉠ 'A'가 많은 경우 : 시작한 것은 어려움이 있어도 포기하지 않고 인내심이 높다.
> • 면접관의 심리 : '한 가지의 일에 너무 구애되고, 업무의 진행이 원활할까?'
> • 면접대책 : 인내력이 있는 것은 플러스 평가를 받을 수 있지만 집착이 강해 보이기도 한다.
> ㉡ 'B'가 많은 경우 : 뒤끝이 없고 조그만 실패로 일을 포기하기 쉽다.
> • 면접관의 심리 : '질리는 경향이 있고, 일을 정확히 끝낼 수 있을까?'
> • 면접대책 : 지속적인 노력으로 성공했던 사례를 준비하도록 한다.

⑤ 신중성(주의성) … 자신이 처한 주변상황을 즉시 파악하고 자신의 행동이 어떤 영향을 미치는지를 측정한다.

| 질문 | 선택 |
|---|---|
| A : 여러 가지로 생각하면서 완벽하게 준비하는 편이다.<br>B : 행동할 때부터 임기응변적인 대응을 하는 편이다. | |
| A : 신중해서 타이밍을 놓치는 편이다.<br>B : 준비 부족으로 실패하는 편이다. | |
| A : 자신은 어떤 일에도 신중히 대응하는 편이다.<br>B : 순간적인 충동으로 활동하는 편이다. | |
| A : 시험을 볼 때 끝날 때까지 재검토하는 편이다.<br>B : 시험을 볼 때 한 번에 모든 것을 마치는 편이다. | |
| A : 일에 대해 계획표를 만들어 실행한다.<br>B : 일에 대한 계획표 없이 진행한다. | |

> ▶측정결과
> ㉠ 'A'가 많은 경우 : 주변 상황에 민감하고, 예측하여 계획 있게 일을 진행한다.
> • 면접관의 심리 : '너무 신중해서 적절한 판단을 할 수 있을까?', '앞으로의 상황에 불안을 느끼지 않을까?'
> • 면접대책 : 예측을 하고 실행을 하는 것은 플러스 평가가 되지만, 너무 신중하면 일의 진행이 정체될 가능성을 보이므로 추진력이 있다는 강한 의욕을 보여준다.
> ㉡ 'B'가 많은 경우 : 주변 상황을 살펴보지 않고 착실한 계획 없이 일을 진행시킨다.
> • 면접관의 심리 : '사려 깊지 않고, 실패하는 일이 많지 않을까?', '판단이 빠르고 유연한 사고를 할 수 있을까?'
> • 면접대책 : 사전준비를 중요하게 생각하고 있다는 것 등을 보여주고, 경솔한 인상을 주지 않도록 한다. 또한 판단력이 빠르거나 유연한 사고 덕분에 일 처리를 잘 할 수 있다는 것을 강조한다.

### (3) 의욕적인 측면

의욕적인 측면은 의욕의 정도, 활동력의 유무 등을 측정한다. 여기서의 의욕이란 우리들이 보통 말하고 사용하는 '하려는 의지'와는 조금 뉘앙스가 다르다. '하려는 의지'란 그 때의 환경이나 기분에 따라 변화하는 것이지만, 여기에서는 조금 더 변화하기 어려운 특징, 말하자면 정신적 에너지의 양으로 측정하는 것이다.

의욕적 측면은 행동적 측면과는 다르고, 전반적으로 어느 정도 점수가 높은 쪽을 선호한다. 모의검사의 의욕적 측면의 결과가 낮다면, 평소 일에 몰두할 때 조금 의욕 있는 자세를 가지고 서서히 개선하도록 노력해야 한다.

① 달성의욕 … 목적의식을 가지고 높은 이상을 가지고 있는지를 측정한다.

| 질문 | 선택 |
|---|---|
| A : 경쟁심이 강한 편이다.<br>B : 경쟁심이 약한 편이다. | |
| A : 어떤 한 분야에서 제1인자가 되고 싶다고 생각한다.<br>B : 어느 분야에서든 성실하게 임무를 진행하고 싶다고 생각한다. | |
| A : 규모가 큰 일을 해보고 싶다.<br>B : 맡은 일에 충실히 임하고 싶다. | |
| A : 아무리 노력해도 실패한 것은 아무런 도움이 되지 않는다.<br>B : 가령 실패했을 지라도 나름대로의 노력이 있었으므로 괜찮다. | |
| A : 높은 목표를 설정하여 수행하는 것이 의욕적이다.<br>B : 실현 가능한 정도의 목표를 설정하는 것이 의욕적이다. | |

▶측정결과

㉠ 'A'가 많은 경우 : 큰 목표와 높은 이상을 가지고 승부욕이 강한 편이다.
  • 면접관의 심리 : '열심히 일을 해줄 것 같은 유형이다.'
  • 면접대책 : 달성의욕이 높다는 것은 어떤 직종이라도 플러스 평가가 된다.
㉡ 'B'가 많은 경우 : 현재의 생활을 소중하게 여기고 비약적인 발전을 위하여 기를 쓰지 않는다.
  • 면접관의 심리 : '외부의 압력에 약하고, 기획입안 등을 하기 어려울 것이다.'
  • 면접대책 : 일을 통하여 하고 싶은 것들을 구체적으로 어필한다.

② 활동의욕 … 자신에게 잠재된 에너지의 크기로, 정신적인 측면의 활동력이라 할 수 있다.

| 질문 | 선택 |
|---|---|
| A : 하고 싶은 일을 실행으로 옮기는 편이다.<br>B : 하고 싶은 일을 좀처럼 실행할 수 없는 편이다. | |
| A : 어려운 문제를 해결해 가는 것이 좋다.<br>B : 어려운 문제를 해결하는 것을 잘하지 못한다. | |
| A : 일반적으로 결단이 빠른 편이다.<br>B : 일반적으로 결단이 느린 편이다. | |
| A : 곤란한 상황에도 도전하는 편이다.<br>B : 사물의 본질을 깊게 관찰하는 편이다. | |
| A : 시원시원하다는 말을 잘 듣는다.<br>B : 꼼꼼하다는 말을 잘 듣는다. | |

▶측정결과

㉠ 'A'가 많은 경우 : 꾸물거리는 것을 싫어하고 재빠르게 결단해서 행동하는 타입이다.

• 면접관의 심리 : '일을 처리하는 솜씨가 좋고, 일을 척척 진행할 수 있을 것 같다.'

• 면접대책 : 활동의욕이 높은 것은 플러스 평가가 된다. 사교성이나 활동성이 강하다는 인상을 준다.

㉡ 'B'가 많은 경우 : 안전하고 확실한 방법을 모색하고 차분하게 시간을 아껴서 일에 임하는 타입이다.

• 면접관의 심리 : '재빨리 행동을 못하고, 일의 처리속도가 느린 것이 아닐까?'

• 면접대책 : 활동성이 있는 것을 좋아하고 움직임이 더디다는 인상을 주지 않도록 한다.


## 3  성격의 유형

### (1) 인성검사유형의 4가지 척도

　정서적인 측면, 행동적인 측면, 의욕적인 측면의 요소들은 성격 특성이라는 관점에서 제시된 것들로 각 개인의 장·단점을 파악하는 데 유용하다. 그러나 전체적인 개인의 인성을 이해하는 데는 한계가 있다.

　성격의 유형은 개인의 '성격적인 특색'을 가리키는 것으로, 사회인으로서 적합한지, 아닌지를 말하는 관점과는 관계가 없다. 따라서 채용의 합격 여부에는 사용되지 않는 경우가 많으며, 입사 후의 적정 부서 배치의 자료가 되는 편이라 생각하면 된다. 그러나 채용과 관계가 없다고 해서 아무런 준비도 필요없는 것은 아니다. 자신을 아는 것은 면접 대책의 밑거름이 되므로 모의검사 결과를 충분히 활용하도록 하여야 한다.

본서에서는 4개의 척도를 사용하여 기본적으로 16개의 패턴으로 성격의 유형을 분류하고 있다. 각 개인의 성격이 어떤 유형인지 재빨리 파악하기 위해 사용되며, '적성'에 맞는지, 맞지 않는지의 관점에 활용된다.

- 흥미·관심의 방향 : 내향형 ←─────→ 외향형
- 사물에 대한 견해 : 직관형 ←─────→ 감각형
- 판단하는 방법 : 감정형 ←─────→ 사고형
- 환경에 대한 접근방법 : 지각형 ←─────→ 판단형

## (2) 성격유형

① **흥미·관심의 방향**(내향 ⇆ 외향) … 흥미·관심의 방향이 자신의 내면에 있는지, 주위환경 등 외면에 향하는지를 가리키는 척도이다.

| 질문 | 선택 |
|---|---|
| A : 내성적인 성격인 편이다.<br>B : 개방적인 성격인 편이다. | |
| A : 항상 신중하게 생각을 하는 편이다.<br>B : 바로 행동에 착수하는 편이다. | |
| A : 수수하고 조심스러운 편이다.<br>B : 자기 표현력이 강한 편이다. | |
| A : 다른 사람과 함께 있으면 침착하지 않다.<br>B : 혼자서 있으면 침착하지 않다. | |

▶측정결과
㉠ 'A'가 많은 경우(내향) : 관심의 방향이 자기 내면에 있으며, 조용하고 낯을 가리는 유형이다. 행동력은 부족하나 집중력이 뛰어나고 신중하고 꼼꼼하다.
㉡ 'B'가 많은 경우(외향) : 관심의 방향이 외부환경에 있으며, 사교적이고 활동적인 유형이다. 꼼꼼함이 부족하여 대충하는 경향이 있으나 행동력이 있다.

② 일(사물)을 보는 방법(직감⇆감각) … 일(사물)을 보는 법이 직감적으로 형식에 얽매이는지, 감각적으로 상식적인지를 가리키는 척도이다.

| 질문 | 선택 |
|---|---|
| A : 현실주의적인 편이다.<br>B : 상상력이 풍부한 편이다. | |
| A : 정형적인 방법으로 일을 처리하는 것을 좋아한다.<br>B : 만들어진 방법에 변화가 있는 것을 좋아한다. | |
| A : 경험에서 가장 적합한 방법으로 선택한다.<br>B : 지금까지 없었던 새로운 방법을 개척하는 것을 좋아한다. | |
| A : 성실하다는 말을 듣는다.<br>B : 호기심이 강하다는 말을 듣는다. | |

▶측정결과
㉠ 'A'가 많은 경우(감각) : 현실적이고 경험주의적이며 보수적인 유형이다.
㉡ 'B'가 많은 경우(직관) : 새로운 주제를 좋아하며, 독자적인 시각을 가진 유형이다.

③ 판단하는 방법(감정⇆사고) … 일을 감정적으로 판단하는지, 논리적으로 판단하는지를 가리키는 척도이다.

| 질문 | 선택 |
|---|---|
| A : 인간관계를 중시하는 편이다.<br>B : 일의 내용을 중시하는 편이다. | |
| A : 결론을 자기의 신념과 감정에서 이끌어내는 편이다.<br>B : 결론을 논리적 사고에 의거하여 내리는 편이다. | |
| A : 다른 사람보다 동정적이고 눈물이 많은 편이다.<br>B : 다른 사람보다 이성적이고 냉정하게 대응하는 편이다. | |
| A : 남의 이야기를 듣고 감정몰입이 빠른 편이다.<br>B : 고민 상담을 받으면 해결책을 제시해주는 편이다. | |

▶측정결과
㉠ 'A'가 많은 경우(감정) : 일을 판단할 때 마음ㆍ감정을 중요하게 여기는 유형이다. 감정이 풍부하고 친절하나 엄격함이 부족하고 우유부단하며, 합리성이 부족하다.
㉡ 'B'가 많은 경우(사고) : 일을 판단할 때 논리성을 중요하게 여기는 유형이다. 이성적이고 합리적이나 타인에 대한 배려가 부족하다.

④ 환경에 대한 접근방법 … 주변상황에 어떻게 접근하는지, 그 판단기준을 어디에 두는지를 측정한다.

| 질문 | 선택 |
|---|---|
| A : 사전에 계획을 세우지 않고 행동한다.<br>B : 반드시 계획을 세우고 그것에 의거해서 행동한다. | |
| A : 자유롭게 행동하는 것을 좋아한다.<br>B : 조직적으로 행동하는 것을 좋아한다. | |
| A : 조직성이나 관습에 속박당하지 않는다.<br>B : 조직성이나 관습을 중요하게 여긴다. | |
| A : 계획 없이 낭비가 심한 편이다.<br>B : 예산을 세워 물건을 구입하는 편이다. | |

▶측정결과
㉠ 'A'가 많은 경우(지각) : 일의 변화에 융통성을 가지고 유연하게 대응하는 유형이다. 낙관적이며 질서보다는 자유를 좋아하나 임기응변식의 대응으로 무계획적인 인상을 줄 수 있다.
㉡ 'B'가 많은 경우(판단) : 일의 진행시 계획을 세워서 실행하는 유형이다. 순차적으로 진행하는 일을 좋아하고 끈기가 있으나 변화에 대해 적절하게 대응하지 못하는 경향이 있다.

### (3) 성격유형의 판정

성격유형은 합격 여부의 판정보다는 배치를 위한 자료로써 이용된다. 즉, 기업은 입사시험 단계에서 입사 후에도 사용할 수 있는 정보를 입수하고 있다는 것이다. 성격검사에서는 어느 척도가 얼마나 고득점이었는지에 주시하고 각각의 측면에서 반드시 하나씩 고르고 편성한다. 편성은 모두 16가지가 되나 각각의 측면을 더 세분하면 200가지 이상의 유형이 나온다.

여기에서는 16가지 편성을 제시한다. 성격검사에 어떤 정보가 게재되어 있는지를 이해하면서 자기의 성격유형을 파악하기 위한 실마리로 활용하도록 한다.

① 내향 – 직관 – 감정 – 지각(TYPE A)

관심이 내면에 향하고 조용하고 소극적이다. 사물에 대한 견해는 새로운 것에 대해 호기심이 강하고, 독창적이다. 감정은 좋아하는 것과 싫어하는 것의 판단이 확실하고, 감정이 풍부하고 따뜻한 느낌이 있는 반면, 합리성이 부족한 경향이 있다. 환경에 접근하는 방법은 순응적이고 상황의 변화에 대해 유연하게 대응하는 것을 잘한다.

② 내향 – 직관 – 감정 – 판단(TYPE B)

관심이 내면으로 향하고 조용하고 쑥쓰러움을 잘 타는 편이다. 사물을 보는 관점은 독창적이며, 자기나름대로 궁리하며 생각하는 일이 많다. 좋고 싫음으로 판단하는 경향이 강하고 타인에게는 친절한 반면, 우유부단하기 쉬운 편이다. 환경 변화에 대해 유연하게 대응하는 것을 잘한다.

③ 내향 – 직관 – 사고 – 지각(TYPE C)

관심이 내면으로 향하고 얌전하고 교제범위가 좁다. 사물을 보는 관점은 독창적이며, 현실에서 먼 추상적인 것을 생각하기를 좋아한다. 논리적으로 생각하고 판단하는 경향이 강하고 이성적이지만, 남의 감정에 대해서는 무반응인 경향이 있다. 환경의 변화에 순응적이고 융통성 있게 임기응변으로 대응할 수가 있다.

④ 내향 – 직관 – 사고 – 판단(TYPE D)

관심이 내면으로 향하고 주의깊고 신중하게 행동을 한다. 사물을 보는 관점은 독창적이며 논리를 좋아해서 이치를 따지는 경향이 있다. 논리적으로 생각하고 판단하는 경향이 강하고, 객관적이지만 상대방의 마음에 대한 배려가 부족한 경향이 있다. 환경에 대해서는 순응하는 것보다 대응하며, 한 번 정한 것은 끈질기게 행동하려 한다.

⑤ 내향 – 감각 – 감정 – 지각(TYPE E)

관심이 내면으로 향하고 조용하며 소극적이다. 사물을 보는 관점은 상식적이고 그대로의 것을 좋아하는 경향이 있다. 좋음과 싫음으로 판단하는 경향이 강하고 타인에 대해서 동정심이 많은 반면, 엄격한 면이 부족한 경향이 있다. 환경에 대해서는 순응적이고, 예측할 수 없다해도 태연하게 행동하는 경향이 있다.

⑥ 내향 – 감각 – 감정 – 판단(TYPE F)

관심이 내면으로 향하고 얌전하며 쑥쓰러움을 많이 탄다. 사물을 보는 관점은 상식적이고 논리적으로 생각하는 것보다도 경험을 중요시하는 경향이 있다. 좋고 싫음으로 판단하는 경향이 강하고 사람이 좋은 반면, 개인적 취향이나 소원에 영향을 받는 일이 많은 경향이 있다. 환경에 대해서는 영향을 받지 않고, 자기 페이스 대로 꾸준히 성취하는 일을 잘한다.

⑦ 내향 – 감각 – 사고 – 지각(TYPE G)

관심이 내면으로 향하고 얌전하고 교제범위가 좁다. 사물을 보는 관점은 상식적인 동시에 실천적이며, 틀에 박힌 형식을 좋아한다. 논리적으로 판단하는 경향이 강하고 침착하지만 사람에 대해서는 엄격하여 차가운 인상을 주는 일이 많다. 환경에 대해서 순응적이고, 계획적으로 행동하지 않으며 자유로운 행동을 좋아하는 경향이 있다.

⑧ 내향 – 감각 – 사고 – 판단(TYPE H)

관심이 내면으로 향하고 주의 깊고 신중하게 행동을 한다. 사물을 보는 관점이 상식적이고 새롭고 경험하지 못한 일에 대응을 잘 하지 못한다. 논리적으로 생각하고 판단하는 경향이 강하고, 공평하지만 상대방의 감정에 대해 배려가 부족할 때가 있다. 환경에 대해서는 작용하는 편이고, 질서 있게 행동하는 것을 좋아한다.

⑨ 외향 – 직관 – 감정 – 지각(TYPE I)

관심이 외향으로 향하고 밝고 활동적이며 교제범위가 넓다. 사물을 보는 관점은 독창적이고 호기심이 강하며 새로운 것을 생각하는 것을 좋아한다. 좋음 싫음으로 판단하는 경향이 강하다. 사람은 좋은 반면 개인적 취향이나 소원에 영향을 받는 일이 많은 편이다.

⑩ 외향 – 직관 – 감정 – 판단(TYPE J)

관심이 외향으로 향하고 개방적이며 누구와도 쉽게 친해질 수 있다. 사물을 보는 관점은 독창적이고 자기 나름대로 궁리하고 생각하는 면이 많다. 좋음과 싫음으로 판단하는 경향이 강하고, 타인에 대해 동정적이기 쉽고 엄격함이 부족한 경향이 있다. 환경에 대해서는 작용하는 편이고 질서 있는 행동을 하는 것을 좋아한다.

⑪ 외향 – 직관 – 사고 – 지각(TYPE K)

관심이 외향으로 향하고 태도가 분명하며 활동적이다. 사물을 보는 관점은 독창적이고 현실과 거리가 있는 추상적인 것을 생각하는 것을 좋아한다. 논리적으로 생각하고 판단하는 경향이 강하고, 공평하지만 상대에 대한 배려가 부족할 때가 있다.

⑫ 외향 – 직관 – 사고 – 판단(TYPE L)

관심이 외향으로 향하고 밝고 명랑한 성격이며 사교적인 것을 좋아한다. 사물을 보는 관점은 독창적이고 논리적인 것을 좋아하기 때문에 이치를 따지는 경향이 있다. 논리적으로 생각하고 판단하는 경향이 강하고 침착성이 뛰어나지만 사람에 대해서 엄격하고 차가운 인상을 주는 경우가 많다. 환경에 대해 작용하는 편이고 계획을 세우고 착실하게 실행하는 것을 좋아한다.

⑬ 외향 – 감각 – 감정 – 지각(TYPE M)

관심이 외향으로 향하고 밝고 활동적이고 교제범위가 넓다. 사물을 보는 관점은 상식적이고 종래대로 있는 것을 좋아한다. 보수적인 경향이 있고 좋아함과 싫어함으로 판단하는 경향이 강하며 타인에게는 친절한 반면, 우유부단한 경우가 많다. 환경에 대해 순응적이고, 융통성이 있고 임기응변으로 대응할 가능성이 높다.

⑭ 외향 - 감각 - 감정 - 판단(TYPE N)

관심이 외향으로 향하고 개방적이며 누구와도 쉽게 대면할 수 있다. 사물을 보는 관점은 상식적이고 논리적으로 생각하기보다는 경험을 중시하는 편이다. 좋아함과 싫어함으로 판단하는 경향이 강하고 감정이 풍부하며 따뜻한 느낌이 있는 반면에 합리성이 부족한 경우가 많다. 환경에 대해서 작용하는 편이고, 한 번 결정한 것은 끈질기게 실행하려고 한다.

⑮ 외향 - 감각 - 사고 - 지각(TYPE O)

관심이 외향으로 향하고 시원한 태도이며 활동적이다. 사물을 보는 관점이 상식적이며 동시에 실천적이고 명백한 형식을 좋아하는 경향이 있다. 논리적으로 생각하고 판단하는 경향이 강하고, 객관적이지만 상대 마음에 대해 배려가 부족한 경향이 있다.

⑯ 외향 - 감각 - 사고 - 판단(TYPE P)

관심이 외향으로 향하고 밝고 명랑하며 사교적인 것을 좋아한다. 사물을 보는 관점은 상식적이고 경험하지 못한 새로운 것에 대응을 잘 하지 못한다. 논리적으로 생각하고 판단하는 경향이 강하고 이성적이지만 사람의 감정에 무심한 경향이 있다. 환경에 대해서는 작용하는 편이고, 자기 페이스대로 꾸준히 성취하는 것을 잘한다.

**4** **인성검사의 대책**

## (1) 미리 알아두어야 할 점

① 출제 문항 수 … 인성검사의 출제 문항 수는 특별히 정해진 것이 아니며 각 기업체의 기준에 따라 달라질 수 있다. 보통 100문항 이상에서 500문항까지 출제된다고 예상하면 된다.

② 출제형식

  ㉠ 1Set로 묶인 세 개의 문항 중 자신에게 가장 가까운 것(Most)과 가장 먼 것(Least)을 하나씩 고르는 유형(72Set, 1Set당 3문항)

**다음 세 가지 문항 중 자신에게 가장 가까운 것은 Most, 가장 먼 것은 Least에 체크하시오.**

| 질문 | Most | Least |
|------|------|-------|
| ① 자신의 생각이나 의견은 좀처럼 변하지 않는다. | ✓ | |
| ② 구입한 후 끝까지 읽지 않은 책이 많다. | | ✓ |
| ③ 여행가기 전에 계획을 세운다. | | |

  ㉡ '예' 아니면 '아니오'의 유형(178문항)

**다음 문항을 읽고 자신에게 해당되는지 안 되는지를 판단하여 해당될 경우 '예'를, 해당되지 않을 경우 '아니오'를 고르시오.**

| 질문 | 예 | 아니오 |
|------|-----|--------|
| ① 걱정거리가 있어서 잠을 못 잘 때가 있다. | ✓ | |
| ② 시간에 쫓기는 것이 싫다. | | ✓ |

  ㉢ 그 외의 유형

**다음 문항에 대해서 평소에 자신이 생각하고 있는 것이나 행동하고 있는 것에 체크하시오.**

| 질문 | 전혀 그렇지 않다 | 그렇지 않다 | 그렇다 | 매우 그렇다 |
|------|------------------|-------------|--------|-------------|
| ① 머리를 쓰는 것보다 땀을 흘리는 일이 좋다. | | | ✓ | |
| ② 자신은 사교적이 아니라고 생각한다. | ✓ | | | |

## (2) 임하는 자세

① 솔직하게 있는 그대로 표현한다 … 인성검사는 평범한 일상생활 내용들을 다룬 짧은 문장과 어떤 대상이나 일에 대한 선로를 선택하는 문장으로 구성되었으므로 평소에 자신이 생각한 바를 너무 골똘히 생각하지 말고 문제를 보는 순간 떠오른 것을 표현한다.

② 모든 문제를 신속하게 대답한다 … 인성검사는 시간 제한이 없는 것이 원칙이지만 기업체들은 일정한 시간 제한을 두고 있다. 인성검사는 개인의 성격과 자질을 알아보기 위한 검사이기 때문에 정답이 없다. 다만, 기업체에서 바람직하게 생각하거나 기대되는 결과가 있을 뿐이다. 따라서 시간에 쫓겨서 대충 대답을 하는 것은 바람직하지 못하다.

# 02 실전 인성검사

┃1~300┃ 다음 (    ) 안에 당신에게 적합하다면 YES, 그렇지 않다면 NO를 선택하시오(인성검사는 응시자의 개인성향을 파악하기 위한 자료이므로 정답이 존재하지 않습니다).

|  | YES | NO |
|---|---|---|
| 1. 조금이라도 나쁜 소식은 절망의 시작이라고 생각해버린다. | ( ) | ( ) |
| 2. 언제나 실패가 걱정이 되어 어쩔 줄 모른다. | ( ) | ( ) |
| 3. 다수결의 의견에 따르는 편이다. | ( ) | ( ) |
| 4. 혼자서 커피숍에 들어가는 것은 전혀 두려운 일이 아니다. | ( ) | ( ) |
| 5. 승부근성이 강하다. | ( ) | ( ) |
| 6. 자주 흥분해서 침착하지 못하다. | ( ) | ( ) |
| 7. 지금까지 살면서 타인에게 폐를 끼친 적이 없다. | ( ) | ( ) |
| 8. 소곤소곤 이야기하는 것을 보면 자기에 대해 험담하고 있는 것으로 생각된다. | ( ) | ( ) |
| 9. 무엇이든지 자기가 나쁘다고 생각하는 편이다. | ( ) | ( ) |
| 10. 자신을 변덕스러운 사람이라고 생각한다. | ( ) | ( ) |
| 11. 고독을 즐기는 편이다. | ( ) | ( ) |
| 12. 자존심이 강하다고 생각한다. | ( ) | ( ) |
| 13. 금방 흥분하는 성격이다. | ( ) | ( ) |
| 14. 거짓말을 한 적이 없다. | ( ) | ( ) |
| 15. 신경질적인 편이다. | ( ) | ( ) |
| 16. 끙끙대며 고민하는 타입이다. | ( ) | ( ) |
| 17. 감정적인 사람이라고 생각한다. | ( ) | ( ) |
| 18. 자신만의 신념을 가지고 있다. | ( ) | ( ) |
| 19. 다른 사람을 바보 같다고 생각한 적이 있다. | ( ) | ( ) |
| 20. 금방 말해버리는 편이다. | ( ) | ( ) |
| 21. 싫어하는 사람이 없다. | ( ) | ( ) |
| 22. 대재앙이 오지 않을까 항상 걱정을 한다. | ( ) | ( ) |

23. 쓸데없는 고생을 하는 일이 많다. ....................................... (   )(   )

24. 자주 생각이 바뀌는 편이다. ............................................. (   )(   )

25. 문제점을 해결하기 위해 여러 사람과 상의한다. ...................... (   )(   )

26. 내 방식대로 일을 한다. .................................................. (   )(   )

27. 영화를 보고 운 적이 많다. ............................................... (   )(   )

28. 어떤 것에 대해서도 화낸 적이 없다. .................................... (   )(   )

29. 사소한 충고에도 걱정을 한다. ........................................... (   )(   )

30. 자신은 도움이 안 되는 사람이라고 생각한다. ......................... (   )(   )

31. 금방 싫증을 내는 편이다. ................................................ (   )(   )

32. 개성적인 사람이라고 생각한다. .......................................... (   )(   )

33. 자기주장이 강한 편이다. .................................................. (   )(   )

34. 뒤숭숭하다는 말을 들은 적이 있다. .................................... (   )(   )

35. 학교를 쉬고 싶다고 생각한 적이 한 번도 없다. ...................... (   )(   )

36. 사람들과 관계 맺는 것을 잘하지 못한다. ............................. (   )(   )

37. 사려 깊은 편이다. ......................................................... (   )(   )

38. 몸을 움직이는 것을 좋아한다. ........................................... (   )(   )

39. 끈기가 있는 편이다. ...................................................... (   )(   )

40. 신중한 편이라고 생각한다. .............................................. (   )(   )

41. 인생의 목표는 큰 것이 좋다. ............................................ (   )(   )

42. 어떤 일이라도 바로 시작하는 타입이다. .............................. (   )(   )

43. 낯가림을 하는 편이다. .................................................... (   )(   )

44. 생각하고 나서 행동하는 편이다. ........................................ (   )(   )

45. 쉬는 날은 밖으로 나가는 경우가 많다. ................................ (   )(   )

46. 시작한 일은 반드시 완성시킨다. ........................................ (   )(   )

47. 면밀한 계획을 세운 여행을 좋아한다. .................................. (   )(   )

48. 야망이 있는 편이라고 생각한다. ........................................ (   )(   )

49. 활동력이 있는 편이다. .................................................... (   )(   )

50. 많은 사람들과 왁자지껄하게 식사하는 것을 좋아하지 않는다. ·············( )( )

51. 돈을 허비한 적이 없다. ··························································( )( )

52. 어릴적에 운동회를 아주 좋아하고 기대했다. ·····························( )( )

53. 하나의 취미에 열중하는 타입이다. ···········································( )( )

54. 모임에서 리더에 어울린다고 생각한다. ·····································( )( )

55. 입신출세의 성공이야기를 좋아한다. ·········································( )( )

56. 어떠한 일도 의욕을 가지고 임하는 편이다. ·······························( )( )

57. 학급에서는 존재가 희미했다. ··················································( )( )

58. 항상 무언가를 생각하고 있다. ················································( )( )

59. 스포츠는 보는 것보다 하는 게 좋다. ········································( )( )

60. '참 잘했네요'라는 말을 자주 듣는다. ·······································( )( )

61. 흐린 날은 반드시 우산을 가지고 간다. ·····································( )( )

62. 주연상을 받을 수 있는 배우를 좋아한다. ··································( )( )

63. 공격하는 타입이라고 생각한다. ···············································( )( )

64. 리드를 받는 편이다. ······························································( )( )

65. 너무 신중해서 기회를 놓친 적이 있다. ·····································( )( )

66. 시원시원하게 움직이는 타입이다. ············································( )( )

67. 야근을 해서라도 업무를 끝낸다. ·············································( )( )

68. 누군가를 방문할 때는 반드시 사전에 확인한다. ·······················( )( )

69. 노력해도 결과가 따르지 않으면 의미가 없다. ··························( )( )

70. 무조건 행동해야 한다. ···························································( )( )

71. 유행에 둔감하다고 생각한다. ··················································( )( )

72. 정해진 대로 움직이는 것은 시시하다. ·······································( )( )

73. 꿈을 계속 가지고 있고 싶다. ··················································( )( )

74. 질서보다 자유를 중요시하는 편이다. ········································( )( )

75. 혼자서 취미에 몰두하는 것을 좋아한다. ···································( )( )

76. 직관적으로 판단하는 편이다. ··················································( )( )

77. 영화나 드라마를 보면 등장인물의 감정에 이입된다. ··············( )( )

78. 시대의 흐름에 역행해서라도 자신을 관철하고 싶다. ··········( )( )

79. 다른 사람의 소문에 관심이 없다. ································( )( )

80. 창조적인 편이다. ····················································( )( )

81. 비교적 눈물이 많은 편이다. ·······································( )( )

82. 융통성이 있다고 생각한다. ········································( )( )

83. 친구의 휴대전화 번호를 잘 모른다. ····························( )( )

84. 스스로 고안하는 것을 좋아한다. ·································( )( )

85. 정이 두터운 사람으로 남고 싶다. ·······························( )( )

86. 조직의 일원으로 별로 안 어울린다. ····························( )( )

87. 세상의 일에 별로 관심이 없다. ··································( )( )

88. 변화를 추구하는 편이다. ··········································( )( )

89. 업무는 인간관계로 선택한다. ·····································( )( )

90. 환경이 변하는 것에 구애되지 않는다. ·························( )( )

91. 불안감이 강한 편이다. ·············································( )( )

92. 인생은 살 가치가 없다고 생각한다. ····························( )( )

93. 의지가 약한 편이다. ···············································( )( )

94. 다른 사람이 하는 일에 별로 관심이 없다. ···················( )( )

95. 사람을 설득시키는 것은 어렵지 않다. ·························( )( )

96. 심심한 것을 못 참는다. ···········································( )( )

97. 다른 사람을 욕한 적이 한 번도 없다. ·························( )( )

98. 다른 사람에게 어떻게 보일지 신경을 쓴다. ··················( )( )

99. 금방 낙심하는 편이다. ·············································( )( )

100. 다른 사람에게 의존하는 경향이 있다. ·······················( )( )

101. 그다지 융통성이 있는 편이 아니다. ··························( )( )

102. 다른 사람이 내 의견에 간섭하는 것이 싫다. ···············( )( )

103. 낙천적인 편이다. ··················································( )( )

104. 숙제를 잊어버린 적이 한 번도 없다. ·····································( )( )

105. 밤길에는 발소리가 들리기만 해도 불안하다. ························( )( )

106. 상냥하다는 말을 들은 적이 있다. ······································( )( )

107. 자신은 유치한 사람이다. ················································( )( )

108. 잡담을 하는 것보다 책을 읽는 것이 낫다. ··························( )( )

109. 나는 영업에 적합한 타입이라고 생각한다. ··························( )( )

110. 술자리에서 술을 마시지 않아도 흥을 돋울 수 있다. ···········( )( )

111. 한 번도 병원에 간 적이 없다. ··········································( )( )

112. 나쁜 일은 걱정이 되어서 어쩔 줄을 모른다. ······················( )( )

113. 금세 무기력해지는 편이다. ·············································( )( )

114. 비교적 고분고분한 편이라고 생각한다. ······························( )( )

115. 독자적으로 행동하는 편이다. ··········································( )( )

116. 적극적으로 행동하는 편이다. ··········································( )( )

117. 금방 감격하는 편이다. ··················································( )( )

118. 어떤 것에 대해서는 불만을 가진 적이 없다. ······················( )( )

119. 밤에 못 잘 때가 많다. ··················································( )( )

120. 자주 후회하는 편이다. ··················································( )( )

121. 뜨거워지기 쉽고 식기 쉽다. ···········································( )( )

122. 자신만의 세계를 가지고 있다. ········································( )( )

123. 많은 사람 앞에서도 긴장하는 일은 없다. ··························( )( )

124. 말하는 것을 아주 좋아한다. ···········································( )( )

125. 인생을 포기하는 마음을 가진 적이 한 번도 없다. ···············( )( )

126. 어두운 성격이다. ·························································( )( )

127. 금방 반성한다. ····························································( )( )

128. 활동범위가 넓은 편이다. ···············································( )( )

129. 자신을 끈기 있는 사람이라고 생각한다. ···························( )( )

130. 좋다고 생각하더라도 좀 더 검토하고 나서 실행한다. ···········( )( )

131. 위대한 인물이 되고 싶다. ································································ (    )(    )

132. 한 번에 많은 일을 떠맡아도 힘들지 않다. ······························· (    )(    )

133. 사람과 만날 약속은 부담스럽다. ············································· (    )(    )

134. 질문을 받으면 충분히 생각하고 나서 대답하는 편이다. ··········· (    )(    )

135. 머리를 쓰는 것보다 땀을 흘리는 일이 좋다. ···························· (    )(    )

136. 결정한 것에는 철저히 구속받는다. ·········································· (    )(    )

137. 외출 시 문을 잠갔는지 몇 번을 확인한다. ······························· (    )(    )

138. 이왕 할 거라면 일등이 되고 싶다. ·········································· (    )(    )

139. 과감하게 도전하는 타입이다. ··················································· (    )(    )

140. 자신은 사교적이 아니라고 생각한다. ······································· (    )(    )

141. 무심코 도리에 대해서 말하고 싶어진다. ·································· (    )(    )

142. '항상 건강하네요'라는 말을 듣는다. ········································· (    )(    )

143. 단념하면 끝이라고 생각한다. ··················································· (    )(    )

144. 예상하지 못한 일은 하고 싶지 않다. ······································· (    )(    )

145. 파란만장하더라도 성공하는 인생을 걷고 싶다. ························ (    )(    )

146. 활기찬 편이라고 생각한다. ····················································· (    )(    )

147. 소극적인 편이라고 생각한다. ··················································· (    )(    )

148. 무심코 평론가가 되어 버린다. ················································· (    )(    )

149. 자신은 성급하다고 생각한다. ··················································· (    )(    )

150. 꾸준히 노력하는 타입이라고 생각한다. ··································· (    )(    )

151. 내일의 계획이라도 메모한다. ··················································· (    )(    )

152. 리더십이 있는 사람이 되고 싶다. ············································ (    )(    )

153. 열정적인 사람이라고 생각한다. ··············································· (    )(    )

154. 다른 사람 앞에서 이야기를 잘 하지 못한다. ··························· (    )(    )

155. 통찰력이 있는 편이다. ···························································· (    )(    )

156. 엉덩이가 가벼운 편이다. ························································· (    )(    )

157. 여러 가지로 구애됨이 있다. ···················································· (    )(    )

158. 돌다리도 두들겨 보고 건너는 쪽이 좋다. ································( )( )

159. 자신에게는 권력욕이 있다. ································( )( )

160. 업무를 할당받으면 기쁘다. ································( )( )

161. 사색적인 사람이라고 생각한다. ································( )( )

162. 비교적 개혁적이다. ································( )( )

163. 좋고 싫음으로 정할 때가 많다. ································( )( )

164. 전통에 구애되는 것은 버리는 것이 적절하다. ················( )( )

165. 교제 범위가 좁은 편이다. ································( )( )

166. 발상의 전환을 할 수 있는 타입이라고 생각한다. ···········( )( )

167. 너무 주관적이어서 실패한다. ································( )( )

168. 현실적이고 실용적인 면을 추구한다. ·······················( )( )

169. 내가 어떤 배우의 팬인지 아무도 모른다. ··················( )( )

170. 현실보다 가능성이다. ································( )( )

171. 마음이 담겨 있으면 선물은 아무 것이나 좋다. ···········( )( )

172. 여행은 마음대로 하는 것이 좋다. ··························( )( )

173. 추상적인 일에 관심이 있는 편이다. ·······················( )( )

174. 일은 대담히 하는 편이다. ································( )( )

175. 괴로워하는 사람을 보면 우선 동정한다. ··················( )( )

176. 가치기준은 자신의 안에 있다고 생각한다. ···············( )( )

177. 조용하고 조심스러운 편이다. ································( )( )

178. 상상력이 풍부한 편이라고 생각한다. ·······················( )( )

179. 의리, 인정이 두터운 상사를 만나고 싶다. ···············( )( )

180. 인생의 앞날을 알 수 없어 재미있다. ·······················( )( )

181. 밝은 성격이다. ································( )( )

182. 별로 반성하지 않는다. ································( )( )

183. 활동범위가 좁은 편이다. ································( )( )

184. 자신을 시원시원한 사람이라고 생각한다. ················( )( )

185. 좋다고 생각하면 바로 행동한다. ································································· (　)(　)

186. 좋은 사람이 되고 싶다. ······················································································ (　)(　)

187. 한 번에 많은 일을 떠맡는 것은 골칫거리라고 생각한다. ··················· (　)(　)

188. 사람과 만날 약속은 즐겁다. ··········································································· (　)(　)

189. 질문을 받으면 그때의 느낌으로 대답하는 편이다. ··························· (　)(　)

190. 땀을 흘리는 것보다 머리를 쓰는 일이 좋다. ··································· (　)(　)

191. 결정한 것이라도 그다지 구속받지 않는다. ······································· (　)(　)

192. 외출 시 문을 잠갔는지 별로 확인하지 않는다. ······························· (　)(　)

193. 지위에 어울리면 된다. ···················································································· (　)(　)

194. 안전책을 고르는 타입이다. ············································································· (　)(　)

195. 자신은 사교적이라고 생각한다. ······································································ (　)(　)

196. 도리는 상관없다. ····························································································· (　)(　)

197. '침착하시네요'라는 말을 자주 듣는다. ··········································· (　)(　)

198. 단념이 중요하다고 생각한다. ········································································ (　)(　)

199. 예상하지 못한 일도 해보고 싶다. ······························································· (　)(　)

200. 평범하고 평온하게 행복한 인생을 살고 싶다. ······························· (　)(　)

201. 몹시 귀찮아하는 편이라고 생각한다. ························································· (　)(　)

202. 특별히 소극적이라고 생각하지 않는다. ····················································· (　)(　)

203. 이것저것 평하는 것이 싫다. ·········································································· (　)(　)

204. 자신은 성급하지 않다고 생각한다. ······························································ (　)(　)

205. 꾸준히 노력하는 것을 잘 하지 못한다. ······················································ (　)(　)

206. 내일의 계획은 머릿속에 기억한다. ······························································ (　)(　)

207. 협동성이 있는 사람이 되고 싶다. ································································· (　)(　)

208. 열정적인 사람이라고 생각하지 않는다. ····················································· (　)(　)

209. 다른 사람 앞에서 이야기를 잘한다. ···························································· (　)(　)

210. 행동력이 있는 편이다. ···················································································· (　)(　)

211. 엉덩이가 무거운 편이다. ················································································ (　)(　)

212. 특별히 구애받는 것이 없다. ································ (   )(   )

213. 돌다리는 두들겨 보지 않고 건너도 된다. ················ (   )(   )

214. 자신에게는 권력욕이 없다. ·························· (   )(   )

215. 업무를 할당받으면 부담스럽다. ···················· (   )(   )

216. 활동적인 사람이라고 생각한다. ···················· (   )(   )

217. 비교적 보수적이다. ································ (   )(   )

218. 손해인지 이익인지로 정할 때가 많다. ················ (   )(   )

219. 전통을 견실히 지키는 것이 적절하다. ················ (   )(   )

220. 교제 범위가 넓은 편이다. ·························· (   )(   )

221. 상식적인 판단을 할 수 있는 타입이라고 생각한다. ······ (   )(   )

222. 너무 객관적이어서 실패한다. ······················ (   )(   )

223. 보수적인 면을 추구한다. ·························· (   )(   )

224. 내가 누구의 팬인지 주변의 사람들이 안다. ············ (   )(   )

225. 가능성보다 현실이다. ····························· (   )(   )

226. 그 사람이 필요한 것을 선물하고 싶다. ··············· (   )(   )

227. 여행은 계획적으로 하는 것이 좋다. ·················· (   )(   )

228. 구체적인 일에 관심이 있는 편이다. ·················· (   )(   )

229. 일은 착실히 하는 편이다. ·························· (   )(   )

230. 괴로워하는 사람을 보면 우선 이유를 생각한다. ········· (   )(   )

231. 가치기준은 자신의 밖에 있다고 생각한다. ············ (   )(   )

232. 밝고 개방적인 편이다. ····························· (   )(   )

233. 현실 인식을 잘하는 편이라고 생각한다. ·············· (   )(   )

234. 공평하고 공적인 상사를 만나고 싶다. ················ (   )(   )

235. 시시해도 계획적인 인생이 좋다. ···················· (   )(   )

236. 적극적으로 사람들과 관계를 맺는 편이다. ············ (   )(   )

237. 활동적인 편이다. ································· (   )(   )

238. 몸을 움직이는 것을 좋아하지 않는다. ················ (   )(   )

239. 쉽게 질리는 편이다. ··········································································· (     )(     )

240. 경솔한 편이라고 생각한다. ··············································· (     )(     )

241. 인생의 목표는 손이 닿을 정도면 된다. ·························· (     )(     )

242. 무슨 일도 좀처럼 시작하지 못한다. ······························ (     )(     )

243. 초면인 사람과도 바로 친해질 수 있다. ······················· (     )(     )

244. 행동하고 나서 생각하는 편이다. ···································· (     )(     )

245. 쉬는 날은 집에 있는 경우가 많다. ································ (     )(     )

246. 완성되기 전에 포기하는 경우가 많다. ·························· (     )(     )

247. 계획 없는 여행을 좋아한다. ············································· (     )(     )

248. 욕심이 없는 편이라고 생각한다. ···································· (     )(     )

249. 활동력이 별로 없다. ·························································· (     )(     )

250. 많은 사람들과 왁자지껄하게 식사하는 것을 좋아한다. ············· (     )(     )

251. 이유 없이 불안할 때가 있다. ··········································· (     )(     )

252. 주위 사람의 의견을 생각해서 발언을 자제할 때가 있다. ············· (     )(     )

253. 자존심이 강한 편이다. ····················································· (     )(     )

254. 생각 없이 함부로 말하는 경우가 많다. ······················· (     )(     )

255. 정리가 되지 않은 방에 있으면 불안하다. ···················· (     )(     )

256. 나를 바꾸는 힘은 내 안에 존재한다고 생각한다. ········ (     )(     )

257. '세상이 말세야.'라는 말을 자주 뱉는다. ······················ (     )(     )

258. 스팸 메시지가 오면 바로 수신 차단을 하는 편이다. ········· (     )(     )

259. 권리보다는 의무를 중요하게 여긴다. ··························· (     )(     )

260. 능력에 따른 차별은 당연하다고 생각한다. ·················· (     )(     )

261. 세상이 나를 몰라준다고 생각한 적이 있다. ················· (     )(     )

262. 취미생활을 위해 투자하는 돈은 아깝지 않다고 생각한다. ············· (     )(     )

263. 영화는 혼자 보는 것이 더 편하다. ································ (     )(     )

264. 혼자 밥을 먹는 일이 불편하지 않다. ··························· (     )(     )

265. 아랫사람보다는 윗사람과 있을 때 더욱 편하다. ·········· (     )(     )

266. 특별히 좋아하는 계절이 있다. ·····························( )( )

267. 치우는 것보다 늘어놓는 것이 편하다. ·····················( )( )

268. 결혼은 안 하고 후회하는 것보다 하고 후회하는 것이 낫다는 말에 공감한다. ···( )( )

269. 남자보다 여자가 살기 좋은 세상이라고 생각한 적이 있다. ·····( )( )

270. 커피 한 잔에 4000원을 투자하는 것은 사치라고 생각한다. ·······( )( )

271. 위로를 하기보다는 해결책을 제시하는 편이다. ···············( )( )

272. 쇼핑을 하기 전 구매해야 할 목록을 적어간다. ···············( )( )

273. 정해놓고 다니는 단골 가게가 있다. ······················( )( )

274. 직설적이라는 말을 들어본 적이 있다. ·····················( )( )

275. 부모보다 자식을 소중히 여기는 사회적 분위기는 잘못되었다고 생각한다. ···( )( )

276. 동물보다 식물이 좋다. ································( )( )

277. 연예인이 나오는 프로그램보다는 일반인들이 나오는 프로그램을 좋아한다. ( )( )

278. e-book보다는 실제 책이 더 좋다. ·······················( )( )

279. 정치에 관심이 많은 편이다. ···························( )( )

280. 작은 소음에도 예민하게 반응하는 경우가 종종 있다. ··········( )( )

281. 잠자리에 누워 내일의 할 일을 생각한다. ··················( )( )

282. 아침에 일어났을 때의 기분이 하루 종일 유지되는 경향이 있다. ·······( )( )

283. 날씨에 민감한 편이다. ·······························( )( )

284. 몸이 아픈 상태로 출근을 하는 것은 회사에 민폐라고 생각한다. ······( )( )

285. 새해 달력을 받으면 쉬는 날부터 확인한 적이 있다. ···········( )( )

286. 우울증이 아닐까 고민한 적이 있다. ······················( )( )

287. 싫은 소리를 잘 못하는 편이다. ·························( )( )

288. 은근슬쩍 떠보기 보다는 직접적으로 물어보는 편이다. ·········( )( )

289. 같은 곡을 하루 종일 반복해서 들어본 경험이 있다. ···········( )( )

290. 멀티 플레이어 기질이 있다고 생각한다. ··················( )( )

291. 성장보다 분배가 더 중요하다고 생각한다. ·················( )( )

292. 한 우물을 파는 편이다. ·······························( )( )

293. 사회생활은 줄서기도 중요하다고 생각한다. ·················································( 　)( 　)

294. 물건을 정리하는 나만의 방식이 있다. ·················································( 　)( 　)

295. 용의 꼬리보다는 뱀의 머리가 더 어울린다고 생각한다. ·······················( 　)( 　)

296. 요즘 청소년들은 우리 때와 다르다고 생각한다. ·································( 　)( 　)

297. 간통죄 폐지에 찬성한다. ·································································( 　)( 　)

298. 이민을 생각해 본 적이 있다. ·························································( 　)( 　)

299. 걱정이 많은 편이라고 생각한다. ·····················································( 　)( 　)

300. 죽어도 하기 싫다고 생각하는 일이 있다. ·········································( 　)( 　)

PART

III

# NCS 직업기초능력평가

# 01 의사소통능력

## 1 의사소통과 의사소통능력

### (1) 의사소통

① **개념** … 사람들 간에 생각이나 감정, 정보, 의견 등을 교환하는 총체적인 행위로, 직장생활에서의 의사소통은 조직과 팀의 효율성과 효과성을 성취할 목적으로 이루어지는 구성원 간의 정보와 지식 전달 과정이라고 할 수 있다.

② **기능** … 공동의 목표를 추구해 나가는 집단 내의 기본적 존재 기반이며 성과를 결정하는 핵심 기능이다.

③ **의사소통의 종류**
  ⊙ **언어적인 것** : 대화, 전화통화, 토론 등
  ⓒ **문서적인 것** : 메모, 편지, 기획안 등
  ⓒ **비언어적인 것** : 몸짓, 표정 등

④ **의사소통을 저해하는 요인** … 정보의 과다, 메시지의 복잡성 및 메시지 간의 경쟁, 상이한 직위와 과업지향형, 신뢰의 부족, 의사소통을 위한 구조상의 권한, 잘못된 매체의 선택, 폐쇄적인 의사소통 분위기 등

### (2) 의사소통능력

① **개념** … 직장생활에서 문서나 상대방이 하는 말의 의미를 파악하는 능력, 자신의 의사를 정확하게 표현하는 능력, 간단한 외국어 자료를 읽거나 외국인의 의사표시를 이해하는 능력을 포함한다.

② **의사소통능력 개발을 위한 방법**
  ⊙ 사후검토와 피드백을 활용한다.
  ⓒ 명확한 의미를 가진 이해하기 쉬운 단어를 선택하여 이해도를 높인다.
  ⓒ 적극적으로 경청한다.
  ⓔ 메시지를 감정적으로 곡해하지 않는다.

## 2 의사소통능력을 구성하는 하위능력

### (1) 문서이해능력

① 문서와 문서이해능력
- ㉠ 문서 : 제안서, 보고서, 기획서, 이메일, 팩스 등 문자로 구성된 것으로 상대방에게 의사를 전달하여 설득하는 것을 목적으로 한다.
- ㉡ 문서이해능력 : 직업현장에서 자신의 업무와 관련된 문서를 읽고, 내용을 이해하고 요점을 파악할 수 있는 능력을 말한다.

---

**예제 1**

다음은 신용카드 약관의 주요내용이다. 규정 약관을 제대로 이해하지 못한 사람은?

> [부가서비스]
> 카드사는 법령에서 정한 경우를 제외하고 상품을 새로 출시한 후 1년 이내에 부가서비스를 줄이거나 없앨 수가 없다. 또한 부가서비스를 줄이거나 없앨 경우에는 그 세부내용을 변경일 6개월 이전에 회원에게 알려주어야 한다.
> [중도 해지 시 연회비 반환]
> 연회비 부과기간이 끝나기 이전에 카드를 중도해지하는 경우 남은 기간에 해당하는 연회비를 계산하여 10 영업일 이내에 돌려줘야 한다. 다만, 카드 발급 및 부가서비스 제공에 이미 지출된 비용은 제외된다.
> [카드 이용한도]
> 카드 이용한도는 카드 발급을 신청할 때에 회원이 신청한 금액과 카드사의 심사 기준을 종합적으로 반영하여 회원이 신청한 금액 범위 이내에서 책정되며 회원의 신용도가 변동되었을 때에는 카드사는 회원의 이용한도를 조정할 수 있다.
> [부정사용 책임]
> 카드 위조 및 변조로 인하여 발생된 부정사용 금액에 대해서는 카드사가 책임을 진다. 다만, 회원이 비밀번호를 다른 사람에게 알려주거나 카드를 다른 사람에게 빌려주는 등의 중대한 과실로 인해 부정사용이 발생하는 경우에는 회원이 그 책임의 전부 또는 일부를 부담할 수 있다.

① 혜수 : 카드사는 법령에서 정한 경우를 제외하고는 1년 이내에 부가서비스를 줄일 수 없어.
② 진성 : 카드 위조 및 변조로 인하여 발생된 부정사용 금액은 일괄 카드사가 책임을 지게 돼.
③ 영훈 : 회원의 신용도가 변경되었을 때 카드사가 이용한도를 조정할 수 있어.
④ 영호 : 연회비 부과기간이 끝나기 이전에 카드를 중도 해지하는 경우에는 남은 기간에 해당하는 연회비를 카드사는 돌려줘야 해.

**답 ②**

[출제의도]
주어진 약관의 내용을 읽고 그에 대한 상세 내용의 정보를 이해하는 능력을 측정하는 문항이다.
[해설]
② 부정사용에 대해 고객의 과실이 있으면 회원이 그 책임의 전부 또는 일부를 부담할 수 있다.

② 문서의 종류

  ㉠ **공문서** : 정부기관에서 공무를 집행하기 위해 작성하는 문서로, 단체 또는 일반회사에서 정부기관을 상대로 사업을 진행할 때 작성하는 문서도 포함된다. 엄격한 규격과 양식이 특징이다.

  ㉡ **기획서** : 아이디어를 바탕으로 기획한 프로젝트에 대해 상대방에게 전달하여 시행하도록 설득하는 문서이다.

  ㉢ **기안서** : 업무에 대한 협조를 구하거나 의견을 전달할 때 작성하는 사내 공문서이다.

  ㉣ **보고서** : 특정한 업무에 관한 현황이나 진행 상황, 연구·검토 결과 등을 보고하고자 할 때 작성하는 문서이다.

  ㉤ **설명서** : 상품의 특성이나 작동 방법 등을 소비자에게 설명하기 위해 작성하는 문서이다.

  ㉥ **보도자료** : 정부기관이나 기업체 등이 언론을 상대로 자신들의 정보를 기사화 되도록 하기 위해 보내는 자료이다.

  ㉦ **자기소개서** : 개인이 자신의 성장과정이나, 입사 동기, 포부 등에 대해 구체적으로 기술하여 자신을 소개하는 문서이다.

  ㉧ **비즈니스 레터(E-mail)** : 사업상의 이유로 고객에게 보내는 편지다.

  ㉨ **비즈니스 메모** : 업무상 확인해야 할 일을 메모형식으로 작성하여 전달하는 글이다.

③ **문서이해의 절차** … 문서의 목적 이해 → 문서 작성 배경·주제 파악 → 정보 확인 및 현안문제 파악 → 문서 작성자의 의도 파악 및 자신에게 요구되는 행동 분석 → 목적 달성을 위해 취해야 할 행동 고려 → 문서 작성자의 의도를 도표나 그림 등으로 요약·정리


## (2) 문서작성능력

① 작성되는 문서에는 대상과 목적, 시기, 기대효과 등이 포함되어야 한다.

② 문서작성의 구성요소

  ㉠ 짜임새 있는 골격, 이해하기 쉬운 구조

  ㉡ 객관적이고 논리적인 내용

  ㉢ 명료하고 설득력 있는 문장

  ㉣ 세련되고 인상적인 레이아웃

**예제 2**

다음은 들은 내용을 구조적으로 정리하는 방법이다. 순서에 맞게 배열하면?

┌─────────────────────────────────────────┐
│ ㉠ 관련 있는 내용끼리 묶는다.                    │
│ ㉡ 묶은 내용에 적절한 이름을 붙인다.             │
│ ㉢ 전체 내용을 이해하기 쉽게 구조화한다.         │
│ ㉣ 중복된 내용이나 덜 중요한 내용을 삭제한다.     │
└─────────────────────────────────────────┘

① ㉠㉡㉢㉣                      ② ㉠㉡㉣㉢
③ ㉡㉠㉢㉣                      ④ ㉡㉠㉣㉢

[출제의도]
음성정보는 문자정보와는 달리 쉽게 잊혀 지기 때문에 음성정보를 구조화시키는 방법을 묻는 문항이다.

[해설]
내용을 구조적으로 정리하는 방법은 '㉠ 관련 있는 내용끼리 묶는다. → ㉡ 묶은 내용에 적절한 이름을 붙인다. → ㉣ 중복된 내용이나 덜 중요한 내용을 삭제한다. → ㉢ 전체 내용을 이해하기 쉽게 구조화한다.'가 적절하다.

**답** ②

③ 문서의 종류에 따른 작성방법

  ㉠ 공문서

  • 육하원칙이 드러나도록 써야 한다.

  • 날짜는 반드시 연도와 월, 일을 함께 언급하며, 날짜 다음에 괄호를 사용할 때는 마침표를 찍지 않는다.

  • 대외문서이며, 장기간 보관되기 때문에 정확하게 기술해야 한다.

  • 내용이 복잡할 경우 '-다음-', '-아래-'와 같은 항목을 만들어 구분한다.

  • 한 장에 담아내는 것을 원칙으로 하며, 마지막엔 반드시 '끝'자로 마무리 한다.

  ㉡ 설명서

  • 정확하고 간결하게 작성한다.

  • 이해하기 어려운 전문용어의 사용은 삼가고, 복잡한 내용은 도표화 한다.

  • 명령문보다는 평서문을 사용하고, 동어 반복보다는 다양한 표현을 구사하는 것이 바람직하다.

  ㉢ 기획서

  • 상대를 설득하여 기획서가 채택되는 것이 목적이므로 상대가 요구하는 것이 무엇인지 고려하여 작성하며, 기획의 핵심을 잘 전달하였는지 확인한다.

  • 분량이 많을 경우 전체 내용을 한 눈에 파악할 수 있도록 목차구성을 신중히 한다.

  • 효과적인 내용 전달을 위한 표나 그래프를 적절히 활용하고 산뜻한 느낌을 줄 수 있도록 한다.

  • 인용한 자료의 출처 및 내용이 정확해야 하며 제출 전 충분히 검토한다.

ⓔ 보고서
- 도출하고자 한 핵심내용을 구체적이고 간결하게 작성한다.
- 내용이 복잡할 경우 도표나 그림을 활용하고, 참고자료는 정확하게 제시한다.
- 제출하기 전에 최종점검을 하며 질의를 받을 것에 대비한다.

---

**예제 3**

다음 중 공문서 작성에 대한 설명으로 가장 적절하지 못한 것은?

① 공문서나 유가증권 등에 금액을 표시할 때에는 한글로 기재하고 그 옆에 괄호를 넣어 숫자로 표기한다.
② 날짜는 숫자로 표기하되 년, 월, 일의 글자는 생략하고 그 자리에 온점(.)을 찍어 표시한다.
③ 첨부물이 있는 경우에는 붙임 표시문 끝에 1자 띄우고 "끝."이라고 표시한다.
④ 공문서의 본문이 끝났을 경우에는 1자를 띄우고 "끝."이라고 표시한다.

---

④ 문서작성의 원칙
  ㉠ 문장은 짧고 간결하게 작성한다(간결체 사용).
  ㉡ 상대방이 이해하기 쉽게 쓴다.
  ㉢ 불필요한 한자의 사용을 자제한다.
  ㉣ 문장은 긍정문의 형식을 사용한다.
  ㉤ 간단한 표제를 붙인다.
  ㉥ 문서의 핵심내용을 먼저 쓰도록 한다(두괄식 구성).

⑤ 문서작성 시 주의사항
  ㉠ 육하원칙에 의해 작성한다.
  ㉡ 문서 작성시기가 중요하다.
  ㉢ 한 사안은 한 장의 용지에 작성한다.
  ㉣ 반드시 필요한 자료만 첨부한다.
  ㉤ 금액, 수량, 일자 등은 기재에 정확성을 기한다.
  ㉥ 경어나 단어사용 등 표현에 신경 쓴다.
  ㉦ 문서작성 후 반드시 최종적으로 검토한다.

⑥ 효과적인 문서작성 요령
  ㉠ **내용이해** : 전달하고자 하는 내용과 핵심을 정확하게 이해해야 한다.
  ㉡ **목표설정** : 전달하고자 하는 목표를 분명하게 설정한다.
  ㉢ **구성** : 내용 전달 및 설득에 효과적인 구성과 형식을 고려한다.
  ㉣ **자료수집** : 목표를 뒷받침할 자료를 수집한다.
  ㉤ **핵심전달** : 단락별 핵심을 하위목차로 요약한다.
  ㉥ **대상파악** : 대상에 대한 이해와 분석을 통해 철저히 파악한다.
  ㉦ **보충설명** : 예상되는 질문을 정리하여 구체적인 답변을 준비한다.
  ㉧ **문서표현의 시각화** : 그래프, 그림, 사진 등을 적절히 사용하여 이해를 돕는다.

## (3) 경청능력

① **경청의 중요성** … 경청은 다른 사람의 말을 주의 깊게 들으며 공감하는 능력으로 경청을 통해 상대방을 한 개인으로 존중하고 성실한 마음으로 대하게 되며, 상대방의 입장에 공감하고 이해하게 된다.

② **경청을 방해하는 습관** … 짐작하기, 대답할 말 준비하기, 걸러내기, 판단하기, 다른 생각하기, 조언하기, 언쟁하기, 옳아야만 하기, 슬쩍 넘어가기, 비위 맞추기 등

③ 효과적인 경청방법
  ㉠ **준비하기** : 강연이나 프레젠테이션 이전에 나누어주는 자료를 읽어 미리 주제를 파악하고 등장하는 용어를 익혀둔다.
  ㉡ **주의 집중** : 말하는 사람의 모든 것에 집중해서 적극적으로 듣는다.
  ㉢ **예측하기** : 다음에 무엇을 말할 것인가를 추측하려고 노력한다.
  ㉣ **나와 관련짓기** : 상대방이 전달하고자 하는 메시지를 나의 경험과 관련지어 생각해 본다.
  ㉤ **질문하기** : 질문은 듣는 행위를 적극적으로 하게 만들고 집중력을 높인다.
  ㉥ **요약하기** : 주기적으로 상대방이 전달하려는 내용을 요약한다.
  ㉦ **반응하기** : 피드백을 통해 의사소통을 점검한다.

**예제 4**

다음은 면접스터디 중 일어난 대화이다. 민아의 고민을 해소하기 위한 조언으로 가장 적절한 것은?

> 지섭 : 민아씨, 어디 아파요? 표정이 안 좋아 보여요.
> 민아 : 제가 원서 넣은 공단이 내일 면접이어서요. 그동안 스터디를 통해서 면접 연습을 많이 했는데도 벌써부터 긴장이 되네요.
> 지섭 : 민아씨는 자기 의견도 명확히 피력할 줄 알고 조리 있게 설명을 잘 하시니 걱정 안하셔도 될 것 같아요. 아, 손에 꽉 쥐고 계신 건 뭔가요?
> 민아 : 아, 제가 예상 답변을 정리해서 모아둔거에요. 내용은 거의 외웠는데 이렇게 쥐고 있지 않으면 불안해서
> 지섭 : 그 정도로 준비를 철저히 하셨으면 걱정할 이유 없을 것 같아요.
> 민아 : 그래도 압박면접이거나 예상치 못한 질문이 들어오면 어떻게 하죠?
> 지섭 : _____

① 시선을 적절히 처리하면서 부드러운 어투로 말하는 연습을 해보는 건 어때요?
② 공식적인 자리인 만큼 옷차림을 신경 쓰는 게 좋을 것 같아요.
③ 당황하지 말고 질문자의 의도를 잘 파악해서 침착하게 대답하면 되지 않을까요?
④ 예상 질문에 대한 답변을 좀 더 정확하게 외워보는 건 어떨까요?

[출제의도]
상대방이 하는 말을 듣고 질문 의도에 따라 올바르게 답하는 능력을 측정하는 문항이다.
[해설]
민아는 압박질문이나 예상치 못한 질문에 대해 걱정을 하고 있으므로 침착하게 대응하라고 조언을 해주는 것이 좋다.

**답 ③**

### (4) 의사표현능력

① **의사표현의 개념과 종류**

　㉠ **개념** : 화자가 자신의 생각과 감정을 청자에게 음성언어나 신체언어로 표현하는 행위이다.

　㉡ **종류**

　　• 공식적 말하기 : 사전에 준비된 내용을 대중을 대상으로 말하는 것으로 연설, 토의, 토론 등이 있다.

　　• 의례적 말하기 : 사회·문화적 행사에서와 같이 절차에 따라 하는 말하기로 식사, 주례, 회의 등이 있다.

　　• 친교적 말하기 : 친근한 사람들 사이에서 자연스럽게 주고받는 대화 등을 말한다.

② **의사표현의 방해요인**

　㉠ **연단공포증** : 연단에 섰을 때 가슴이 두근거리거나 땀이 나고 얼굴이 달아오르는 등의 현상으로 충분한 분석과 준비, 더 많은 말하기 기회 등을 통해 극복할 수 있다.

ⓛ 말 : 말의 장단, 고저, 발음, 속도, 쉼 등을 포함한다.

ⓒ 음성 : 목소리와 관련된 것으로 음색, 고저, 명료도, 완급 등을 의미한다.

ⓔ 몸짓 : 비언어적 요소로 화자의 외모, 표정, 동작 등이다.

ⓜ 유머 : 말하기 상황에 따른 적절한 유머를 구사할 수 있어야 한다.

③ 상황과 대상에 따른 의사표현법

  ㉠ 잘못을 지적할 때 : 모호한 표현을 삼가고 확실하게 지적하며, 당장 꾸짖고 있는 내용에만 한정한다.

  ㉡ 칭찬할 때 : 자칫 아부로 여겨질 수 있으므로 센스 있는 칭찬이 필요하다.

  ㉢ 부탁할 때 : 먼저 상대방의 사정을 듣고 응하기 쉽게 구체적으로 부탁하며 거절을 당해도 싫은 내색을 하지 않는다.

  ㉣ 요구를 거절할 때 : 먼저 사과하고 응해줄 수 없는 이유를 설명한다.

  ㉤ 명령할 때 : 강압적인 말투보다는 '○○을 이렇게 해주는 것이 어떻겠습니까?'와 같은 식으로 부드럽게 표현하는 것이 효과적이다.

  ㉥ 설득할 때 : 일방적으로 강요하기보다는 먼저 양보해서 이익을 공유하겠다는 의지를 보여주는 것이 좋다.

  ㉦ 충고할 때 : 충고는 가장 최후의 방법이다. 반드시 충고가 필요한 상황이라면 예화를 들어 비유적으로 깨우쳐주는 것이 바람직하다.

  ㉧ 질책할 때 : 샌드위치 화법(칭찬의 말 + 질책의 말 + 격려의 말)을 사용하여 청자의 반발을 최소화 한다.

---

**예제 5**

당신은 팀장님께 업무 지시내용을 수행하고 결과물을 보고 드렸다. 하지만 팀장님께서는 "최대리 업무를 이렇게 처리하면 어떡하나? 누락된 부분이 있지 않은가."라고 말하였다. 이에 대해 당신이 행할 수 있는 가장 부적절한 대처 자세는?

① "죄송합니다. 제가 잘 모르는 부분이라 이수혁 과장님께 부탁을 했는데 과장님께서 실수를 하신 것 같습니다."

② "주의를 기울이지 못해 죄송합니다. 어느 부분을 수정보완하면 될까요?"

③ "지시하신 내용을 제가 충분히 이해하지 못하였습니다. 내용을 다시 한 번 여쭤보아도 되겠습니까?"

④ "부족한 내용을 보완하는 자료를 취합하기 위해서 하루정도가 더 소요될 것 같습니다. 언제까지 재작성하여 드리면 될까요?"

[출제의도]
상사가 잘못을 지적하는 상황에서 어떻게 대처해야 하는지를 묻는 문항이다.

[해설]
상사가 부탁한 지시사항을 다른 사람에게 부탁하는 것은 옳지 못하며 설사 그렇다고 해도 그 일의 과오에 대해 책임을 전가하는 것은 지양해야 할 자세이다.

**답 ①**

④ 원활한 의사표현을 위한 지침
  ㉠ 올바른 화법을 위해 독서를 하라.
  ㉡ 좋은 청중이 되라.
  ㉢ 칭찬을 아끼지 마라.
  ㉣ 공감하고, 긍정적으로 보이게 하라.
  ㉤ 겸손은 최고의 미덕임을 잊지 마라.
  ㉥ 과감하게 공개하라.
  ㉦ 뒷말을 숨기지 마라.
  ㉧ 첫마디 말을 준비하라.
  ㉨ 이성과 감성의 조화를 꾀하라.
  ㉩ 대화의 룰을 지켜라.
  ㉪ 문장을 완전하게 말하라.

⑤ 설득력 있는 의사표현을 위한 지침
  ㉠ 'Yes'를 유도하여 미리 설득 분위기를 조성하라.
  ㉡ 대비 효과로 분발심을 불러 일으켜라.
  ㉢ 침묵을 지키는 사람의 참여도를 높여라.
  ㉣ 여운을 남기는 말로 상대방의 감정을 누그러뜨려라.
  ㉤ 하던 말을 갑자기 멈춤으로써 상대방의 주의를 끌어라.
  ㉥ 호칭을 바꿔서 심리적 간격을 좁혀라.
  ㉦ 끄집어 말하여 자존심을 건드려라.
  ㉧ 정보전달 공식을 이용하여 설득하라.
  ㉨ 상대방의 불평이 가져올 결과를 강조하라.
  ㉩ 권위 있는 사람의 말이나 작품을 인용하라.
  ㉪ 약점을 보여 주어 심리적 거리를 좁혀라.
  ㉫ 이상과 현실의 구체적 차이를 확인시켜라.
  ㉬ 자신의 잘못도 솔직하게 인정하라.
  ㉭ 집단의 요구를 거절하려면 개개인의 의견을 물어라.
  ⓐ 동조 심리를 이용하여 설득하라.
  ⓑ 지금까지의 노고를 치하한 뒤 새로운 요구를 하라.
  ⓒ 담당자가 대변자 역할을 하도록 하여 윗사람을 설득하게 하라.
  ⓓ 겉치레 양보로 기선을 제압하라.
  ⓔ 변명의 여지를 만들어 주고 설득하라.
  ⓕ 혼자 말하는 척하면서 상대의 잘못을 지적하라.

## (5) 기초외국어능력

① 기초외국어능력의 개념과 필요성

   ㉠ 개념 : 기초외국어능력은 외국어로 된 간단한 자료를 이해하거나, 외국인과의 전화응대
      와 간단한 대화 등 외국인의 의사표현을 이해하고, 자신의 의사를 기초외국어로 표현
      할 수 있는 능력이다.
   ㉡ 필요성 : 국제화·세계화 시대에 다른 나라와의 무역을 위해 우리의 언어가 아닌 국제적
      인 통용어를 사용하거나 그들의 언어로 의사소통을 해야 하는 경우가 생길 수 있다.

② 외국인과의 의사소통에서 피해야 할 행동

   ㉠ 상대를 볼 때 흘겨보거나, 노려보거나, 아예 보지 않는 행동
   ㉡ 팔이나 다리를 꼬는 행동
   ㉢ 표정이 없는 것
   ㉣ 다리를 흔들거나 펜을 돌리는 행동
   ㉤ 맞장구를 치지 않거나 고개를 끄덕이지 않는 행동
   ㉥ 생각 없이 메모하는 행동
   ㉦ 자료만 들여다보는 행동
   ㉧ 바르지 못한 자세로 앉는 행동
   ㉨ 한숨, 하품, 신음소리를 내는 행동
   ㉩ 다른 일을 하며 듣는 행동
   ㉪ 상대방에게 이름이나 호칭을 어떻게 부를지 묻지 않고 마음대로 부르는 행동

③ 기초외국어능력 향상을 위한 공부법

   ㉠ 외국어공부의 목적부터 정하라.
   ㉡ 매일 30분씩 눈과 손과 입에 밸 정도로 반복하라.
   ㉢ 실수를 두려워하지 말고 기회가 있을 때마다 외국어로 말하라.
   ㉣ 외국어 잡지나 원서와 친해져라.
   ㉤ 소홀해지지 않도록 라이벌을 정하고 공부하라.
   ㉥ 업무와 관련된 주요 용어의 외국어는 꼭 알아두자.
   ㉦ 출퇴근 시간에 외국어 방송을 보거나, 듣는 것만으로도 귀가 트인다.
   ㉧ 어린이가 단어를 배우듯 외국어 단어를 암기할 때 그림카드를 사용해 보라.
   ㉨ 가능하면 외국인 친구를 사귀고 대화를 자주 나눠 보라.

**1** 다음 글을 통해 알 수 있는 내용으로 옳지 않은 것은?

> 우리의 공간은 태초부터 존재해 온 기본 값으로서 3차원으로 비어 있다. 우리가 일상 속에서 생활하는 거리나 광장의 공간이나 우주의 비어 있는 공간은 똑같은 공간이다. 우리가 흐린 날 하늘을 바라보면 검은색으로 깊이감이 없어 보인다. 마찬가지로 우주왕복선에서 찍은 사진 속의 우주 공간도 무한한 공간이지만 실제로는 잘 인식이 되지 않는다. 하지만 거기에 별과 달이 보이기 시작하면 공간감이 생겨나기 시작한다. 이를 미루어 보아 공간은 인식 불가능하지만 그 공간에 물질이 생성되고 태양빛이 그 물질을 때리게 되고 특정한 파장의 빛만 반사되어 우리 눈에 들어오게 되면서 공간은 인식되기 시작한다는 것을 알 수 있다. 인류가 건축을 하기 전에도 지구상에는 땅, 나무, 하늘의 구름 같은 물질에 의지해서 공간이 구획된다. 그 빈 땅 위에 건축물이 들어서게 되면서 건물과 건물 사이에 거리라는 새로운 공간이 구축되고 우리는 인식하게 된다. 그리고 이 거리는 주변에 들어선 건물의 높이와 거리의 폭에 의해서 각기 다른 형태의 보이드 공간(현관, 계단 등 주변에 동선이 집중된 공간과 대규모 홀, 식당 등 내부 구성에서 열려 있는 빈 공간)을 갖게 된다. 우리는 정지된 물리량인 도로와 건물을 만들고, 그로 인해서 만들어지는 부산물인 비어 있는 보이드 공간을 사용한다. 그리고 그 빈 공간에 사람과 자동차 같은 움직이는 객체가 들어가게 되면서 공간은 비로소 쓰임새를 가지며 완성이 된다. 이처럼 도로와 건물 같은 물리적인 조건 이외에 거리에서 움직이는 개체도 거리의 성격을 규정하는 한 요인이 된다. 움직이는 개체들이 거리라는 공간에 에너지를 부여하기 때문에 움직이는 개체의 속도가 중요하다. 왜냐하면 물체의 속도는 그 물체의 운동에너지 ($E=\frac{1}{2}mv^2$, $m$은 질량, $v$는 속력)를 결정하는 요소이기 때문이다.
>
> 이처럼 공간은 움직이는 개체가 공간에 쏟아 붓는 운동에너지에 의해서 크게 변한다. 이와 비슷한 현상은 뉴욕의 록펠러 센터의 선큰가든에서도 일어난다. 록펠러 센터 선큰가든은 여름에는 정적인 레스토랑으로 운영되고, 겨울에는 움직임이 많은 스케이트장으로 운영이 된다. 같은 물리적인 공간이지만 그 공간이 의자에 앉아 있는 레스토랑 손님으로 채워졌을 때와 스케이트 타는 사람으로 채워졌을 때는 느낌이 달라진다.

① 공간은 건축물에 의해서만 우리 눈에 인식되는 것은 아니다.

② 거리에 차도보다 주차장 면적이 넓을수록 공간 에너지는 줄어들게 된다.

③ 록펠러 센터의 선큰가든은 여름보다 겨울에 공간 내의 에너지가 더 많다.

④ 거리의 사람들의 움직이는 속력이 평균 1km/h에서 8km/h로 빨라지면 공간 에너지는 16배 많아진다.

⑤ 공간은 어떠한 행위자로 채워지느냐에 따라 그 공간의 느낌과 성격이 달라진다.

④ 물체의 운동에너지를 $E = \frac{1}{2}mv^2$ 이라고 하였으므로, 속력이 8배가 되면 운동에너지는 속력의 제곱인 64배가 된다.

① 건축물뿐 아니라, 자연의 땅, 나무, 하늘의 구름 등에 의해서도 공간이 인식된다는 것이 필자의 견해이다.

② 차도는 자동차들이 움직이는 곳이며, 주차장은 자동차들이 정지해 있는 곳이므로, 주차장이 더 넓을수록 공간의 전체 속도가 줄어들어 공간 에너지도 줄어들게 된다.

③ 여름에는 사람들이 앉아 있는 레스토랑이며 겨울에는 스케이트를 타는 곳이 되므로 겨울의 공간 에너지가 더 많다.

⑤ 록펠러 센터의 선큰가든의 사례를 통해 동일한 공간이라도 여름에는 고요하고 정적인 분위기, 겨울에는 그와 반대인 활발하고 동적인 분위기를 연출한다는 점을 알 수 있다.

Answer⟶ 1.④

**2** 다음은 정보공개제도에 대하여 설명하고 있는 글이다. 이 글의 내용을 제대로 이해하지 못한 것은?

☞ **정보공개란?**
「정보공개제도」란 공공기관이 직무상 작성 또는 취득하여 관리하고 있는 정보를 수요자인 국민의 청구에 의하여 열람·사본·복제 등의 형태로 청구인에게 공개하거나 공공기관이 자발적으로 또는 법령 등의 규정에 의하여 의무적으로 보유하고 있는 정보를 배포 또는 공표 등의 형태로 제공하는 제도를 말합니다. 전자를 「청구공개」라 한다면, 후자는 「정보제공」이라 할 수 있습니다.

☞ **정보공개 청구권자**
대한민국 모든 국민, 외국인(법인, 단체 포함)
• 국내에 일정한 주소를 두고 거주하는 자, 국내에 사무소를 두고 있는 법인 또는 단체
• 학술/연구를 위하여 일시적으로 체류하는 자

☞ **공개 대상 정보**
공공기관이 직무상 또는 취득하여 관리하고 있는 문서(전자문서를 포함), 도면, 사진, 필름, 테이프, 슬라이드 및 그 밖에 이에 준하는 매체 등에 기록된 사항

☞ **공개 대상 정보에 해당되지 않는 예**(행정안전부 유권해석)
• 업무 참고자료로 활용하기 위해 비공식적으로 수집한 통계자료
• 결재 또는 공람절차 완료 등 공식적 형식요건 결여한 정보
• 관보, 신문, 잡지 등 불특정 다수인에게 판매 및 홍보를 목적으로 발간된 정보
• 합법적으로 폐기된 정보
• 보유·관리하는 정보만이 대상이므로 공공기관은 정보를 새로 작성(생성)하거나 취득하여 공개할 의무는 없음

☞ **비공개 정보**(「공공기관의 정보공개에 관한 법률」 제9조)
• 법령에 의해 비밀·비공개로 규정된 정보
• 국가안보·국방·통일·외교관계 등에 관한 사항으로 공개될 경우 국가의 중대한 이익을 해할 우려가 있다고 인정되는 정보
• 공개될 경우 국민의 생명·신체 및 재산의 보호에 현저한 지장을 초래할 우려가 있다고 인정되는 정보
• 진행 중인 재판에 관련된 정보와 범죄의 예방, 수사, 공소의 제기 등에 관한 사항으로서 공개될 경우 그 직무수행을 현저히 곤란하게 하거나 피고인의 공정한 재판을 받을 권리를 침해한다고 인정되는 정보
• 감사·감독·검사·시험·규제·입찰계약·기술개발·인사관리·의사결정과정 또는 내부검토과정에 있는 사항 등으로서 공개될 경우 업무의 공정한 수행이나 연구·개발에 현저한 지장을 초래한다고 인정되는 정보

> • 당해 정보에 포함되어 있는 이름·주민등록번호 등 개인에 관한 사항으로서 공개될 경우 개인의 사생활의 비밀·자유를 침해할 수 있는 정보
> • 법인·단체 또는 개인(이하 "법인 등"이라 한다)의 경영·영업상 비밀에 관한 사항으로서 공개될 경우 법인 등의 정당한 이익을 현저히 해할 우려가 있다고 인정되는 정보
> • 공개될 경우 부동산 투기·매점매석 등으로 특정인에게 이익 또는 불이익을 줄 우려가 있다고 인정되는 정보

① 공공기관은 국민이 원하는 정보를 요청자의 요구에 맞추어 작성, 배포해 주어야 한다.
② 공공기관의 정보는 반드시 국민의 요구가 있어야만 공개하는 것은 아니다.
③ 공공의 이익에 저해가 된다고 판단되는 정보는 공개하지 않을 수 있다.
④ 공식 요건을 갖추지 않은 미완의 정보는 공개하지 않을 수 있다.
⑤ 관광차 한국에 잠시 머물러 있는 외국인은 정보 공개 요청의 권한이 없다.

 ① 보유·관리하는 정보만이 대상이므로 공공기관은 정보를 새로 작성(생성)하거나 취득하여 공개할 의무는 없다.
② 공공기관이 자발적, 의무적으로 공개하는 것을 '정보제공'이라고 하며 요청에 의한 공개를 '청구공개'라 한다.
③ 법에 의해 보호받는 비공개 정보가 언급되어 있다.
④ 결재 또는 공람절차 완료 등 공식적 형식요건 결여한 정보는 공개 대상 정보가 아니다.
⑤ 학술/연구의 목적도 아니며, 국내에 일정한 거주지가 없는 외국인은 정보 공개 요청 대상이 되지 않는다.

Answer⤶ 2.①

**3** 다음 글을 바탕으로 '자유무역이 가져다주는 이득'으로 추론할 수 있는 내용이 아닌 것은?

> 오늘날 세계경제의 개방화가 진전되면서 국제무역이 계속해서 크게 늘어나고 있다. 국가 간의 무역 규모는 수출과 수입을 합한 금액이 국민총소득(GNI)에서 차지하는 비율로 측정할 수 있다. 우리나라의 2014년 '수출입의 대 GNI 비율'은 99.5%로 미국이나 일본 등의 선진국과 비교할 때 매우 높은 편에 속한다.
>
> 그렇다면 국가 간의 무역은 왜 발생하는 것일까? 가까운 곳에서 먼저 예를 찾아보자. 어떤 사람이 복숭아를 제외한 여러 가지 과일을 재배하고 있다. 만약 이 사람이 복숭아가 먹고 싶을 때 이를 다른 사람에게서 사야만 한다. 이와 같은 맥락에서 나라 간의 무역도 부존자원의 유무와 양적 차이에서 일차적으로 발생할 수 있다. 헌데 이러한 무역을 통해 얻을 수 있는 이득이 크다면 왜 선진국에서조차 완전한 자유무역이 실행되고 있지 않을까? 세계 각국에 자유무역을 확대할 것을 주장하는 미국도 자국의 이익에 따라 관세 부과 등의 방법으로 무역에 개입하고 있는 실정이다. 그렇다면 비교우위에 따른 자유무역이 교역 당사국 모두에게 이익을 가져다준다는 것은 이상에 불과한 것일까?
>
> 세계 각국이 보호무역을 취하는 것은 무엇보다 자국 산업을 보호하기 위한 것이다. 비교우위가 없는 산업을 외국기업과의 경쟁으로부터 어느 정도의 경쟁력을 갖출 때까지 일정 기간 보호하려는 데 그 목적이 있는 것이다.
>
> 우리나라의 경우 쌀 농업에서 특히 보호주의가 강력히 주장되고 있다. 우리의 주식인 쌀을 생산하는 농업이 비교우위가 없다고 해서 쌀을 모두 외국에서 수입한다면 식량안보 차원에서 문제가 될 수 있으므로 국내 농사를 전면적으로 포기할 수 없다는 논리이다.
>
> 교역 당사국 각자는 비교우위가 있는 재화의 생산에 특화해서 자유무역을 통해 서로 교환할 경우 기본적으로 거래의 이득을 보게 된다. 자유무역은 이러한 경제적 잉여의 증가 이외에 다음과 같은 측면에서도 이득을 가져다준다.

① 각국 소비자들에게 다양한 소비 기회를 제공한다.
② 비교우위에 있는 재화의 수출을 통한 규모의 경제를 이루어 생산비를 절감할 수 있다.
③ 비교우위에 의한 자유무역의 이득은 결국 한 나라 내의 모든 경제주체가 누리게 된다.
④ 경쟁을 활성화하여 경제 전체의 후생 수준을 높일 수 있다.
⑤ 각국의 기술 개발을 촉진해주는 긍정적인 파급 효과를 발휘하기도 한다.

③ 비교우위에 의한 자유무역의 이득은 한 나라 내의 모든 경제주체가 혜택을 본다는 것을 뜻하지 않는다. 자유무역의 결과 어느 나라가 특정 재화를 수입하게 되면, 소비자는 보다 싼 가격으로 이 재화를 사용할 수 있게 되므로 이득을 보지만 이 재화의 국내 생산자는 손실을 입게 된다.

① 동일한 종류의 재화라 하더라도 나라마다 독특한 특색이 있게 마련이다. 따라서 자유무역은 각국 소비자들에게 다양한 소비 기회를 제공한다.

② 어느 나라가 비교우위가 있는 재화를 수출하게 되면 이 재화의 생산량은 세계시장을 상대로 크게 늘어난다. 이 경우 규모의 경제를 통해 생산비를 절감할 수 있게 된다.

④ 독과점의 폐해를 방지하려면 진입장벽을 없애 경쟁을 촉진하여야 한다. 따라서 자유무역은 경쟁을 활성화하여 경제 전체의 후생 수준을 높일 수 있다.

⑤ 자유무역은 나라간의 기술 이동이나 아이디어의 전파를 용이하게 하여 각국의 기술 개발을 촉진해주는 긍정적인 파급 효과를 발휘하기도 한다.

Answer⌐→  3.③

**4** 다음은 산유국과 세계 주요 원유 소비국들을 둘러싼 국제석유시장의 전망을 제시하고 있는 글이다. 다음 글에서 전망하는 국제석유시장의 동향을 가장 적절하게 요약한 것은?

---

2018년에도 세계석유 수요의 증가세 둔화가 계속될 전망이다. 완만한 세계경제 성장세가 지속됨에도 불구하고 높아진 유가와 각국의 석유 수요 대체 노력이 석유수요 확대를 제약할 것으로 보이기 때문이다.

세계경제는 미국의 경기 회복세 지속과 자원가격 상승에 따른 신흥국의 회복 등에 힘입어 2018년에도 3% 중후반의 성장률을 유지할 것으로 예상되고 있다. 미국은 완만한 긴축에도 불구하고 고용시장 호조와 이로 인한 민간소비 확대가 경기 회복세를 계속 견인할 것으로 예상된다. 중국은 공급측면의 구조조정이 계속되고 안정적 성장을 위한 내수주도 성장으로의 전환이 이어지면서 완만한 성장 둔화가 계속될 것이다. 2016년 말 화폐개혁과 2017년 7월 단일부가가치세 도입으로 실물경제가 위축되었던 인도는 2018년에 점차 안정적 회복흐름이 재개될 것으로 기대되고 있다. 브라질과 러시아 등 원자재 가격에 크게 영향을 받는 신흥국들은 원유와 비철금속 가격 상승에 힘입어 경기회복이 나타날 것이다.

다만, 세계경제 회복에도 불구하고 세계석유 수요 증가세가 높아지기는 힘들 것으로 보인다. 세계 각국에서 전개되고 있는 탈석유와 유가 상승이 세계석유 수요 확대를 제약할 것이기 때문이다. 저유가 국면이 이어지고 있지만, 미국 등 선진국과 중국 등 개도국에서는 연비규제가 지속적으로 강화되고 있고 전기차 등 내연기관을 대체하는 자동차 보급도 계속 확대되고 있다. 전기차는 이미 1회 충전당 300km가 넘는 2세대가 시판되고 있으며 일부 유럽 선진국들은 2025년 전후로 내연기관 자동차 판매를 중단할 계획인 가운데 중국도 최근 내연기관 자동차 판매 중단을 검토하고 있다. 이러한 수송부문을 중심으로 한 석유대체 노력의 결과, 세계경제 성장에 필요한 석유소비량은 지속적으로 줄어들고 있다. 2000년 0.83배럴을 기록한 석유 원 단위(세계 GDP 1천 달러 창출을 위한 석유 투입량)가 2018년에는 0.43배럴로 줄어들 전망이다. 또한 2017년에 높아진 유가도 석유수입국의 상대적 구매력을 저하시키면서 석유수요 확대를 제약할 것이다. 두바이유 가격은 최근 배럴당 61.1달러로 전년 대비 32.6%(15$/bbl)로 높게 상승했다.

---

① 유가 상승에 따른 구매력 약화로 석유 수요가 하락세를 이어갈 것이다.
② 미국의 경기 회복과 고용시장 호조로 인해 국제석유시장의 높은 성장세가 지속될 것이다.
③ 전기차 등장, 연비규제 등으로 인해 인도, 브라질 등 신흥국의 경기회복이 더뎌질 것이다.
④ 탈석유 기류에 따른 산유국의 저유가 정책으로 국제유가가 큰 폭으로 하락될 것이다.
⑤ 세계경제 회복에도 불구, 탈석유 움직임에 따라 석유 수요의 증가세가 둔화될 것이다.

국제석유시장에 대한 전망은 제시문의 도입부에 요약되어 있다고 볼 수 있다. 글의 전반부에서는 석유를 둘러싼 주요 이해국들의 경기회복세가 이어질 것으로 전망하고 있으나, 이러한 기조에도 불구하고 탈석유 움직임에 따라 석유 수요의 증가는 둔화될 것으로 전망한다. 또한, 전기차의 등장과 연비규제 등의 조치들로 내연기관의 대체가 확대될 것이라는 점도 이러한 전망을 뒷받침한다. 따라서 세계경제 회복에도 불구, 탈석유 움직임에 따라 석유 수요의 증가세가 둔화될 것이라는 전망이 전체 글의 내용을 가장 적절하게 요약한 것이라고 할 수 있다.

*Answer* → 4.⑤

**5** 다음 보도자료 작성 요령을 참고할 때, 적절한 보도자료 문구를 〈보기〉에서 모두 고른 것은?

> 1. 인명과 호칭
> 〈우리나라 사람의 경우〉
> • 우리나라 사람의 인명은 한글만 쓴다. 동명이인 등 부득이한 경우에만 괄호 안에 한자를 써준다.
> • 직함은 소속기관과 함께 이름 뒤에 붙여 쓴다.
> • 두 명 이상의 이름을 나열할 경우에는 맨 마지막 이름 뒤에 호칭을 붙인다.
> 〈외국인의 경우〉
> • 중국 및 일본사람의 이름은 현지음을 한글로 외래어 표기법에 맞게 쓰고 괄호 안에 한자를 쓴다. 한자가 확인이 안 될 경우에는 현지음만 쓴다.
> • 기타 외국인의 이름은 현지발음을 외래어 표기법에 맞게 한글로 적고 성과 이름 사이를 띄어 쓴다.
> 2. 지명
> • 장소를 나타내는 국내 지명은 광역시·도→시·군·구→동·읍·면·리 순으로 표기한다.
> • 시·도명은 줄여서 쓴다.
> • 자치단체명은 '서울시', '대구시', '경기도', '전남도' 등으로 적는다.
> • 중국과 일본 지명은 현지음을 한글로 외래어 표기법에 맞게 쓰고 괄호 안에 한자를 쓴다.(확인이 안 될 경우엔 현지음과 한자 중 택1)
> • 외국 지명의 번역명이 통용되는 경우 관용에 따른다.
> 3. 기관·단체명
> • 기관이나 단체 이름은 처음 나올 때는 정식 명칭을 적고 약칭이 있으면 괄호 안에 넣어주되 행정부처 등 관행화된 것은 넣지 않는다. 두 번째 표기부터는 약칭을 적는다.
> • 기관이나 단체명에 대표 이름을 써야 할 필요가 있을 때는 괄호 안에 표기한다.
> • 외국의 행정부처는 '부', 부처의 장은 '장관'으로 표기한다. 단, 한자권 지역은 그 나라에서 쓰는 정식명칭을 따른다.
> • 국제기구나 외국 단체의 경우 처음에는 한글 명칭과 괄호 안에 영문 약어 표기를 쓴 다음 두 번째부터는 영문 약어만 표기한다.
> • 언론기관 명칭은 AP, UPI, CNN 등 잘 알려진 경우는 영문을 그대로 사용하되 잘 알려지지 않은 기관은 그 앞에 설명을 붙여 준다.
> • 약어 영문 이니셜이 우리말로 굳어진 것은 우리말 발음대로 표기한다.

<보기>
㈎ '최한국 사장, 조대한 사장, 강민국 사장 등 재계 주요 인사들은 모두 ~'
㈏ '버락오바마 미국 대통령의 임기는 ~'
㈐ '절강성 온주에서 열리는 박람회에는 ~'
㈑ '국제노동기구(ILO) 창설 기념일과 때를 같이하여 ILO 회원국들은 ~'

① ㈏
② ㈑
③ ㈎, ㈏
④ ㈎, ㈐, ㈑
⑤ ㈏, ㈐, ㈑

 ㈎ 두 명 이상의 이름을 나열할 경우에는 맨 마지막 이름 뒤에 호칭을 붙인다는 원칙에 따라 '최한국, 조대한, 강민국 사장 등 재계 주요 인사들은 모두 ~'로 수정해야 한다. (X)
㈏ 외국인의 이름은 현지발음을 외래어 표기법에 맞게 한글로 적고 성과 이름 사이를 띄어 쓴다는 원칙에 따라 '버락 오바마 미국 대통령의 임기는 ~'으로 수정해야 한다. (X)
㈐ 중국 지명이므로 현지음을 한글로 외래어 표기법에 맞게 쓰고 괄호 안에 한자를 써야한 다는 원칙에 따라, '절강성(浙江省) 온주(溫州)'로 수정해야 한다. (X)
㈑ 국제기구나 외국 단체의 경우 처음에는 한글 명칭과 괄호 안에 영문 약어 표기를 쓴 다음 두 번째부터는 영문 약어만 표기한다는 원칙에 따른 올바른 표기이다. (O)

Answer↱ 5.②

**6** 공문서를 작성할 경우, 명확한 의미의 전달은 의사소통을 하는 일에 있어 가장 중요한 요소라고 할 수 있다. 다음에 제시되는 문장 중 명확하지 않은 중의적인 의미를 포함하고 있는 문장이 아닌 것은 어느 것인가?

① 그녀를 기다리고 있던 성진이는 길 건너편에서 모자를 쓰고 있었다.

② 울면서 떠나는 영희에게 철수는 손을 흔들었다.

③ 그곳까지 간 김에 나는 철수와 영희를 만나고 돌아왔다.

④ 대학 동기동창이던 하영과 원태는 지난 달 결혼을 하였다.

⑤ 참석자가 모두 오지 않아서 회의가 진행될 수 없다.

> (Tip) '철수는'이라는 주어가 맨 앞으로 와서 '철수는 울면서 떠나는 영희에게 손을 흔들었다.'라고 표현하기 쉬우며, 이것은 우는 주체가 철수인지 영희인지 불분명한 경우가 될 수 있으므로 주의하여야 한다.


**7** 다음 중 공문서에 대한 설명으로 옳지 않은 것은?

① 정부 행정기관에서 대내적, 혹은 대외적 공무를 집행하기 위해 작성하는 문서이다.

② 정부기관이 일반회사, 또는 단체로부터 접수하는 문서 및 일반회사에서 정부기관을 상대로 사업을 진행하려고 할 때 작성하는 문서도 포함된다.

③ 엄격한 규격과 양식에 따라 정당한 권리를 가지 사람이 작성해야 한다.

④ 문서번호, 시행일자, 수신인, 참조인, 담당자 등의 내용이 포함된다.

⑤ 최종 결재권자의 결재가 없어도 문서로서의 기능이 성립된다.

> (Tip) ⑤ 최종 결재권자의 결재가 있어야 문서로서의 기능이 성립된다.

**8**  다음 중 언어적인 의사소통과 비교한 문서적 측면으로서 의사소통의 특징이 아닌 것은?

① 권위감이 있다.
② 정확성을 기하기 쉽다.
③ 전달성이 높다.
④ 상대방의 반응이나 감정을 살필 수 있다.
⑤ 보존성이 크다.

 ④ 언어적인 측면으로서 의사소통의 특징이다.

**9**  다음의 괄호에 알맞은 한자성어는?

> 일을 하다 보면 균형과 절제가 필요하다는 것을 알게 된다. 일의 수행 과정에서 부분적 잘못을 바로 잡으려다 정작 일 자체를 뒤엎어 버리는 경우가 왕왕 발생하기 때문이다. 흔히 속담에 "빈대 잡으려다 초가삼간 태운다."라는 말은 여기에 해당할 것이다. 따라서 부분적 결점을 바로잡으려다 본질을 해치는 (          )의 어리석음을 저질러서는 안 된다.

① 개과불린(改過不吝)
② 경거망동(輕擧妄動)
③ 교각살우(矯角殺牛)
④ 부화뇌동(附和雷同)
⑤ 낭중지추(囊中之錐)

 ① 개과불린 : 허물을 고침에 인색하지 않음을 이르는 말
② 경거망동 : 경솔하여 생각 없이 망령되게 행동함. 또는 그런 행동
③ 교각살우 : 소의 뿔을 바로잡으려다가 소를 죽인다는 뜻으로, 잘못된 점을 고치려다가 그 방법이나 정도가 지나쳐 오히려 일을 그르침을 이르는 말
④ 부화뇌동 : 우레 소리에 맞춰 함께 한다는 뜻으로, 자신의 뚜렷한 소신 없이 그저 남이 하는 대로 따라가는 것을 이르는 말
⑤ 낭중지추 : 주머니 속의 송곳이라는 뜻으로, 재능이 뛰어난 사람은 숨어 있어도 저절로 사람들에게 알려짐을 이르는 말

**Answer**  6.② 7.⑤ 8.④ 9.③

**10** 다음 헌법조항의 취지에 부합하는 진술로 적절한 것을 고르면?

> 〈헌법 제37조〉
> ① 국민의 자유와 권리는 헌법에 열거되지 아니한 이유로 경시되지 아니한다.
> ② 국민의 모든 자유와 권리는 국가안전보장·질서유지 또는 공공복리를 위하여 필요한 경우에 한하여 법률로써 제한할 수 있으며, 제한하는 경우에도 자유와 권리의 본질적인 내용을 침해할 수 없다.

① 헌법에 열거되어 있지 않은 국민의 권리와 자유는 무시해도 된다.
② 국가안전보장은 개인의 기본권에 우선하는 개념이다.
③ 자유보다는 평등이 중요한 기본권이다.
④ 국가가 국민의 기본권을 제한하려면 관련 법률이 필요하다.
⑤ 국가는 국민의 자유와 권리 보장을 위해 조세를 사용하여야 한다.

 ① 국민의 권리와 자유는 헌법에 열거되지 아니한 이유로 경시되어서는 안 된다고 제1항에 명시되어 있다.
② 국가안전보장을 위해 기본권을 제한할 수 있으나 기본권보다 우선된다는 개념은 아니다.
③⑤ 제시되어 있지 않은 지문이다.

**11** 다음은 사내홍보물에 사용하기 위한 인터뷰 내용이다. ㉠~㉤에 대한 설명으로 적절하지 않은 것을 고르면?

> 甲 : 안녕하세요. 저번에 인사드렸던 홍보팀 대리 甲입니다. 바쁘신 데도 이렇게 인터뷰에 응해주셔서 감사합니다. ㉠이번 호 사내 홍보물 기사에 참고하려고 하는데 혹시 녹음을 해도 괜찮을까요?
>
> 乙 : 네, 그렇게 하세요.
>
> 甲 : 그럼 ㉡우선 사랑의 도시락 배달이란 무엇이고 어떤 목적을 갖고 있는지 간단히 말씀해 주시겠어요?
>
> 乙 : 사랑의 도시락 배달은 끼니를 챙겨 드시기 어려운 독거노인분들을 찾아가 사랑의 도시락을 전달하는 일이에요. 이 활동은 회사 이미지를 홍보하는 데 기여할 뿐만 아니라 개인적으로는 마음 따뜻해지는 보람을 느끼게 된답니다.
>
> 甲 : 그렇군요. ㉢한 번 봉사를 할 때에는 하루에 몇 십 가구를 방문하신다고 들었는데요, 어떻게 그렇게 많은 가구들을 다 방문할 수가 있나요?
>
> 乙 : 아, 비결이 있다면 역할을 분담한다는 거예요.
>
> 甲 : 어떻게 역할을 나누나요?
>
> 乙 : 도시락을 포장하는 일, 배달하는 일, 말동무 해드리는 일 등을 팀별로 분담해서 맡으니 효율적으로 운영할 수 있어요.
>
> 甲 : ㉣(고개를 끄덕이며) 그런 방법이 있었군요. 마지막으로 이런 봉사활동에 관심 있는 사원들에게 한 마디 해주세요.
>
> 乙 : ㉤주중 내내 일을 하고 주말에 또 봉사활동을 가려고 하면 몸은 굉장히 피곤합니다. 하지만 거기에서 오는 보람은 잠깐의 휴식과 비교할 수 없으니 꼭 한번 참석해 보시라고 말씀드리고 싶네요.
>
> 甲 : 네, 그렇군요. 오늘 귀중한 시간을 내어 주셔서 감사합니다.

① ㉠ : 기록을 위한 보조기구를 사용하기 위해서 사전에 허락을 구하고 있다.
② ㉡ : 면담의 목적을 분명히 밝히면서 동의를 구하고 있다.
③ ㉢ : 미리 알고 있던 정보를 바탕으로 질문을 하고 있다.
④ ㉣ : 적절한 비언어적 표현을 사용하며 상대방의 말에 반응하고 있다.
⑤ ㉤ : 자신의 경험을 바탕으로 봉사활동에 참석하기를 권유하고 있다.

> (Tip) 甲은 사랑의 도시락 배달에 대한 정보를 얻기 위해 乙과 면담을 하고 있다. 그러므로 ㉡은 면담의 목적에 대한 동의를 구하는 질문이 아니라 알고 싶은 정보를 얻기 위한 질문에 해당한다고 할 수 있다.

*Answer* ▸  10.④  11.②

**12** 다음은 '전교생을 대상으로 무료급식을 시행해야 하는가?'라는 주제로 철수와 영수가 토론을 하고 있다. 보기 중 옳지 않은 것은?

> 철수 : 무료급식은 급식비를 낼 형편이 없는 학생들을 위해서 마련되어야 하는데 지금 대부분의 학교에서는 이 아이들뿐만 아니라 형편이 넉넉한 아이들까지도 모두 대상으로 삼고 있으니 이는 문제가 있다고 봐.
>
> 영수 : 하지만 누구는 무료로 급식을 먹고 누구는 돈을 내고 급식을 먹는다면 이는 형평성에 어긋난다고 생각해. 그래서 난 이왕 무료급식을 할 거라면 전교생에게 동등하게 그 혜택이 돌아가야 한다고 봐.
>
> 철수 : 음… 돈이 없는 사람은 무료로 급식을 먹고 돈이 있는 사람은 돈을 내고 급식을 먹는 것이 과연 형평성에 어긋난다고 할 수 있을까? 형평성이란 국어사전을 찾아보면 형평을 이루는 성질을 말하잖아. 여기서 형평이란 균형이 맞음. 또는 그런 상태를 말하는 것이고. 그러니까 형평이란 다시 말하면…
>
> 영수 : 아, 그래 네가 무슨 말을 하려고 하는지 알겠어. 그런데 나는 어차피 무료급식을 할 거라면 전교생이 다 같이 무료급식을 했으면 좋겠다는 거야. 그래야 서로 불화도 생기지 않으니까. 그리고 누구는 무료로 먹고 누구는 돈을 내고 먹을 거라면 난 차라리 무료급식을 안 하는 것이 낫다고 생각해.

① 위 토론에서 철수는 주제에서 벗어난 말을 하고 있다.
② 영수는 상대방의 말을 자르고 자기주장만을 말하고 있다.
③ 영수는 자신의 주장이 뚜렷하지 않다.
④ 위 토론의 주제는 애매모호하므로 주제를 수정해야 한다.
⑤ 토론자는 자신의 주장을 뒷받침할 객관적 근거를 제시해야 한다.

 토론의 주제는 찬성과 반대로 뚜렷하게 나뉘어 질 수 있는 주제가 좋다. 위 토론의 주제는 찬성(전교생을 대상으로 무료급식을 시행해야 한다.)과 반대(전교생을 대상으로 무료급식을 시행해서는 안 된다.)로 뚜렷하게 나뉘어지므로 옳은 주제라 할 수 있다.

**13** 다음 글은 합리적 의사결정을 위해 필요한 절차적 조건 중의 하나에 관한 설명이다. 다음 보기 중 이 조건을 위배한 것끼리 묶은 것은?

> 합리적 의사결정을 위해서는 정해진 절차를 충실히 따르는 것이 필요하다. 고도로 복잡하고 불확실하나 문제상황 속에서 결정의 절차가 합리적이기 위해서는 다음과 같은 조건이 충족되어야 한다.
>
> 〈조건〉
> 정책결정 절차에서 논의되었던 모든 내용이 결정절차에 참여하지 않은 다른 사람들에게 투명하게 공개되어야 한다. 그렇지 않으면 이성적 토론이 무력해지고 객관적 증거나 논리 대신 강압이나 회유 등의 방법으로 결론이 도출되기 쉽기 때문이다.

> 〈보기〉
> ㉠ 심의에 참여한 분들의 프라이버시 보호를 위해 오늘 회의의 결론만 간략히 알려드리겠습니다.
> ㉡ 시간이 촉박하니 회의 참석자 중에서 부장급 이상만 발언하도록 합시다.
> ㉢ 오늘 논의하는 안건은 매우 민감한 사안이니만큼 비참석자에게는 그 내용을 알리지 않을 것입니다. 그러니 회의자료 및 메모한 내용도 두고 가시기 바랍니다.
> ㉣ 우리가 외부에 자문을 구한 박사님은 이 분야의 최고 전문가이기 때문에 참석자 간의 별도 토론 없이 박사님의 의견을 그대로 채택하도록 합시다.
> ㉤ 오늘 안건은 매우 첨예한 이해관계가 걸려 있으니 상대방에 대한 반론은 자제해주시고 자신의 주장만 말씀해주시기 바랍니다.

① ㉠, ㉡        ② ㉠, ㉢
③ ㉢, ㉣        ④ ㉢, ㉤
⑤ ㉣, ㉤

 합리적 의사결정의 조건으로 회의에서 논의된 내용이 투명하게 공개되어야 한다는 조건을 명시하고 있으나, ㉠과 ㉢에서는 비공개주의를 원칙으로 하고 있기 때문에 조건에 위배된다.

01. 의사소통능력 » 83

**｜14～15｜** 다음 내용을 읽고 물음에 답하시오.

> 공급업체 : 과장님, 이번 달 인쇄용지 주문량이 급격히 ⓐ<u>감소</u>하여 이렇게 방문하였습니다. 혹시 저희 물품에 어떠한 문제가 있는 건가요?
>
> 총무과장 : 지난 10년간 ⓑ<u>납품</u>해 주고 계신 것에 저희는 정말 만족하고 있습니다. 하지만 요즘 경기가 안 좋아서 비용절감차원에서 주문량을 줄이게 되었습니다.
>
> 공급업체 : 아, 그렇군요. 얼마 전 다른 업체에서도 ⓒ<u>견적</u> 받으신 것을 우연히 알게 되어서요, 괜찮으시다면 어떠한 점 때문에 견적을 받아보신지 알 수 있을까요? 저희도 참고하려 하니 말씀해주시면 감사하겠습니다.
>
> 총무과장 : 아, 그러셨군요. 사실 내부 회의 결과, 인쇄용지의 ⓓ<u>지출</u>이 너무 높다는 지적이 나 왔습니다. 품질은 우수하지만 가격적인 면 때문에 그러한 ⓔ<u>결정</u>을 하게 되었습니다.

**14** 다음 대화 중 밑줄 친 단어가 한자로 바르게 표기된 것을 고르면?

① ㉠ – 減小(감소)         ② ㉡ – 納稟(납품)

③ ㉢ – 見積(견적)         ④ ㉣ – 持出(지출)

⑤ ㉤ – 結晶(결정)

> (Tip)  ① 減少(감소) : 양이나 수치가 줆
> ② 納品(납품) : 계약한 곳에 주문받은 물품을 가져다 줌
> ④ 支出(지출) : 어떤 목적을 위하여 돈을 지급하는 일
> ⑤ 決定(결정) : 행동이나 태도를 분명하게 정함

**15** 다음 중 거래처 관리를 위한 총무과장의 업무방식으로 가장 바람직한 것은?

① 같은 시장에 신규 유입 기업은 많으므로 가격 및 서비스 비교를 통해 적절한 업체 로 자주 변경하는 것이 바람직하다.

② 사내 임원이나 지인의 추천으로 거래처를 소개받았을 경우에는 기존의 거래처에서 변경하는 것이 바람직하다.

③ 믿음과 신뢰를 바탕으로 한 번 선정된 업체는 변경하지 않고 동일조건 하에 계속 거래를 유지하는 것이 바람직하다.

④ 오랫동안 거래했던 업체라 하더라도 가끔 상호관계와 서비스에 대해 교차점검을 하는 것이 바람직하다.

⑤ 다른 업체의 견적 결과를 가지고 현재 거래하는 업체에게 가격 인하를 무리하게 요구하여 지출을 줄이는 것이 바람직하다.

① 잦은 업체 변경은 오히려 신뢰관계를 무너뜨릴 수 있으니 장기거래와 신규거래의 이점
을 비교 분석해서 유리하게 활용하는 것이 필요하다.
② 단순한 주위의 추천보다는 서비스와 가격, 품질을 적절히 비교해서 업체를 선정해야 한다.
③ 한 번 선정된 업체라 하더라도 지속적으로 교차점검을 하여 거래의 유리한 조건으로 활
용해야 한다.
⑤ 무리한 가격 인하를 요구하는 것은 바람직하지 않다.

**16** 다음은 2017년 연말 우수사원 시상식에서 최우수 사원을 받은 장그래씨의 감사 인사말이
다. 밑줄 친 단어 중 잘못 고쳐 쓴 것을 고르면?

> 사실 입사 후 저는 실수투성이로 아무 것도 모르는 <u>풋나기</u>였습니다. 그런 제가
> 최우수 사원에 선정되어 상을 받을 수 있게 된 것은 오차장님을 비롯한 영업3팀의
> 여러 선배님들 <u>탓</u>이라고 생각합니다. 어색하게 있던 제게 친근히 말을 <u>부쳐</u>주시던
> 김대리님, <u>묵묵이</u> 지켜봐주셨던 천과장님, 그리고 그밖에 도움을 주셨던 영업팀 팀
> 원들에게 이 자리를 <u>빌려서</u> 감사의 말씀 드리고 싶습니다.

① 풋나기 → 풋내기
② 탓 → 덕분
③ 부쳐 → 붙여
④ 묵묵이 → 묵묵히
⑤ 빌려서 → 빌어서

 어떤 기회를 이용해서 감사나 사과의 의미를 전달할 때는 '이 자리를 빌려서 감사드린다.'라
는 표현을 쓰는 것이 적절하다.
※ 빌다 vs. 빌리다
　㉠ 빌다
　　• 바라는 바를 이루게 하여 달라고 신이나 사람, 사물 따위에 간청하다.
　　• 잘못을 용서하여 달라고 호소하다.
　　• 생각한 대로 이루어지길 바라다.
　㉡ 빌리다
　　• 남의 물건이나 돈 따위를 나중에 도로 돌려주거나 대가를 갚기로 하고 얼마 동안 쓰다.
　　• 남의 도움을 받거나 사람이나 물건 따위를 믿고 기대다.
　　• 일정한 형식이나 이론, 또는 남의 말이나 글 따위를 취하여 따르다.

***Answer*** 14.③ 15.④ 16.⑤

**17** 다음 공고를 보고 잘못 이해한 것을 고르면?

〈신입사원 정규채용 공고〉

| 분야 | 인원 | 응시자격 | 연령 | 비고 |
|---|---|---|---|---|
| 콘텐츠<br>기획 | 5 | • 해당분야 유경험자(3년 이상)<br>• 외국어 사이트 운영 경력자 우대<br>• 외국어(영어/일어) 전공자 | 제한 없음 | 정규직 |
| 제휴<br>마케팅 | 3 | • 해당분야 유경험자(5년 이상)<br>• 웹 프로모션 경력자 우대<br>• 콘텐츠산업(온라인) 지식 보유자 | 제한 없음 | 정규직 |
| 웹디자인 | 2 | • 응시제한 없음<br>• 웹디자인 유경험자 우대 | 제한 없음 | 정규직 |

■ **입사지원서 및 기타 구비서류**

(1) 접수방법
- 인터넷(www.seowon.co.kr)을 통해서만 접수(우편 이용 또는 방문접수 불가)
- 채용분야별 복수지원 불가

(2) 입사지원서 접수 시 유의사항
- 입사지원서는 인터넷 접수만 가능함
- 접수 마감일에는 지원자 폭주 및 서버의 네트워크 사정에 따라 접속이 불안정해질 수 있으니 가급적 마감일 1~2일 전까지 입사지원서 작성바람
- 입사지원서를 작성하여 접수하고 수험번호가 부여된 후 재입력이나 수정은 채용 공고 종료일 18:00까지만 가능하오니, 기재내용 입력에 신중을 기하여 정확하게 입력하기 바람

(3) 구비서류 접수
- 접수방법 : 최종면접 전형 당일 시험장에서만 접수하며, 미제출자는 불합격 처리
  - 최종학력졸업증명서 1부
  - 자격증 사본 1부(해당자에 한함)

■ **기타 사항**
- 상기 모집분야에 대해 최종 전형결과 적격자가 없는 것으로 판단될 경우, 선발하지 아니 할 수 있으며, 추후 입사지원서의 기재사항이나 제출서류가 허위로 판명될 경우 합격 또는 임용을 취소함
- 최종합격자라도 신체검사에서 불합격 판정을 받거나 공사 인사규정상 채용 결격 사유가 발견될 경우 임용을 취소함
- 3개월 인턴 후 평가(70점 이상)에 따라 정식 고용 여부를 결정함

■ **문의 및 접수처**
- 기타 문의사항은 ㈜ 서원 홈페이지(www.seowon.co.kr) 참고

① 우편 및 방문접수는 불가하며 입사지원은 인터넷 접수만 가능하다.

② 지원서 수정은 마감일 이후 불가능하다.

③ 최종합격자라도 신체검사에서 불합격 판정을 받으면 임용이 취소된다.

④ 자격증 사본은 해당자에 한해 제출하면 된다.

⑤ 3개월 인턴과정을 거치고 나면 별도의 제약 없이 정식 고용된다.

> (Tip) ⑤ 기타사항에 3개월 인턴 후 평가(70점 이상)에 따라 정식 고용 여부를 결정한다고 명시되어 있다.

**18** 다음 사례를 통해 알 수 있는 소셜미디어의 특징으로 가장 적절한 것은?

---

○○일보

2018년 1월 15일

소셜미디어의 활약, 너무 반짝반짝 눈이 부셔!

　자연재해 시마다 소셜미디어의 활약이 눈부시다. 지난 14일 100년만의 폭설로 인해 지하철 운행이 중단되고 곳곳의 도로가 정체되는 등 교통대란이 벌어졌지만 많은 사람들이 스마트폰의 도움으로 최악의 상황을 피할 수 있었다.

　누리꾼들은,

　'폭설로 인한 전력공급 중단으로 지하철 1호선 영등포역 정차 중'

　'올림픽대로 상행선 가양대교부터 서강대교까지 정체 중'

　등 서로 소셜미디어를 통해 실시간 피해상황을 주고받았으며 이로 인해 출근 준비 중이던 대부분의 시민들은 다른 교통수단으로 혼란 없이 회사로 출근할 수 있었다.

---

① 정보전달방식이 일방적이다.

② 상위계층만 누리던 고급문화가 대중화된 사례이다.

③ 정보의 무비판적 수용을 조장한다.

④ 정보수용자와 제공자 간의 경계가 모호하다.

⑤ 정보 습득을 위한 비용이 많이 든다.

> (Tip) 제시된 글은 누구나 쉽게 정보를 생산하고 공유할 수 있는 소셜미디어의 장점이 부각된 기사로 ①②③⑤의 보기들은 사례내용과 관련이 없다.

*Answer* ⟶ 17.⑤　18.④

**┃19~20┃** 다음 대화를 읽고 물음에 답하시오.

---

상담원 : 네, ㈜애플망고 소비자센터입니다.

고객 : 제가 최근에 인터넷으로 핸드폰을 구입했는데요, 제품에 문제가 있는 것 같아서요.

상담원 : 아, 어떤 문제가 있으신지 여쭈어 봐도 될까요?

고객 : 제가 물건을 받고 핸드폰을 사용했는데 통화음질도 안 좋을 뿐더러 통화 연결이 잘 안 되더라고요. 그래서 통신 문제인 줄 알고 통신사 고객센터에 연락해보니 테스트해보더니 통신의 문제는 아니라고 해서요, 제가 보기엔 핸드폰 기종 자체가 통화 음질이 떨어지는 거 같거든요? 그래서 구매한지 5일 정도 지났지만 반품하고 싶은데 가능할까요?

상담원 : 네, 고객님. 「전자상거래 등 소비자보호에 관한 법」에 의거해서 물건 수령 후 7일 이내에 청약철회가 가능합니다. 저희 쪽에 물건을 보내주시면 곧바로 환불처리 해 드리겠습니다.

고객 : 아, 감사합니다.

상담원 : 행복한 하루 되세요. 상담원 ○○○였습니다.

---

**19** 위 대화의 의사소통 유형으로 적절한 것은?

① 대화하는 사람들의 친교와 관계유지를 위한 의사소통이다.

② 화자가 청자의 긍정적 반응을 유도하는 의사소통이다.

③ 일대일 형식의 공식적 의사소통이다.

④ 정보전달적 성격의 비공식적 의사소통이다.

⑤ 객관적인 증거를 들어 청자를 설득하기 위한 의사소통이다.

 주어진 대화는 소비자센터의 상담원과 반품문의를 물어보는 고객과의 일대일 면담으로 정보전달적 공식적 의사소통이다.

**20** 위 대화에서 상담원의 말하기 방식으로 적절한 것은?

① 상대방이 알고자 하는 정보를 정확히 제공한다.

② 타협을 통해 문제 해결방안을 찾고자 한다.

③ 주로 비언어적 표현을 활용하여 설명하고 있다.

④ 상대방을 배려하기보다 자신의 의견을 전달하는데 중점을 두고 있다.

⑤ 직설적인 표현을 삼가고, 에둘러 표현하고 있다.

 상담원은 반품 문제에 대한 해결방안을 요구하는 고객에게 정확한 정보를 제공하여 전달하고 있다.

**21** 다음 보기 중, 아래 제시 글의 내용을 올바르게 이해하지 못한 것은? (실질 국외순수취 요소소득은 고려하지 않는다)

> 어느 해의 GDP가 그 전년에 비해 증가했다면 ① 총 산출량이 증가했거나, ② 산출물의 가격이 상승했거나 아니면 ③ 둘 다였을 가능성이 있게 된다. 국가경제에서 생산한 재화와 서비스의 총량이 시간의 흐름에 따라 어떻게 변화하는지(경제성장)를 정확하게 측정하기 위해서는 물량과 가격 요인이 분리되어야 한다. 이에 따라 GDP는 명목 GDP와 실질 GDP로 구분되어 추계되고 있다. 경상가격 GDP(GDP at current prices)라고도 불리는 명목 GDP는 한 나라 안에서 생산된 최종생산물의 가치를 그 생산물이 생산된 기간 중의 가격을 적용하여 계산한 것이다. 반면에 실질 GDP는 기준연도 가격으로 측정한 것으로 불변가격 GDP(GDP at constant prices)라고도 한다.
>
> 그러면 실질 구매력을 반영하는 실질 GNI는 어떻게 산출될까? 결론적으로 말하자면 실질 GNI도 실질 GDP로부터 산출된다. 그런데 실질 GNI는 교역조건 변화에 따른 실질 무역 손익까지 포함하여 다음과 같이 계산된다.
> '실질 GNI = 실질 GDP + 교역조건 변화에 따른 실질 무역 손익 + (실질 국외순수취 요소소득)'
>
> 교역조건은 수출가격을 수입가격으로 나눈 것으로 수출입 상품간의 교환 비율이다. 교역조건이 변화하면 생산 및 소비가 영향을 받게 되고 그로 인해 국민소득이 변화하게 된다. 예를 들어 교역조건이 나빠지면 동일한 수출물량으로 사들일 수 있는 수입물량이 감소하게 된다. 이는 소비나 투자에 필요한 재화의 수입량이 줄어드는 것을 의미하며 수입재에 의한 소비나 투자의 감소는 바로 실질소득의 감소인 것이다. 이처럼 교역조건이 변화하면 실질소득이 영향을 받기 때문에 실질 GNI의 계산에는 교역조건 변화에 따른 실질 무역 손익이 포함되는 것이다. 교역조건 변화에 따른 실질 무역 손익이란 교역조건의 변화로 인해 발생하는 실질소득의 국외 유출 또는 국외로부터의 유입을 말한다.

① 한 나라의 총 생산량이 전년과 동일해도 GDP가 변동될 수 있다.
② GDP의 중요한 결정 요인은 가격과 물량이다.
③ 실질 GDP의 변동 요인은 물량이 아닌 가격이다.
④ 동일한 제품의 수입가격보다 수출가격이 높으면 실질 GNI는 실질 GDP보다 커진다.
⑤ 실질 GNI가 실질 GDP보다 낮아졌다는 것은 교역조건이 더 나빠졌다는 것을 의미한다.

> (Tip) 실질 GDP는 기준연도의 가격을 근거로 한 불변가격 GDP이므로 실질 GDP가 변하는 요인은 가격이 아닌 물량의 변동에 따른 것이다.

*Answer* ➔ 19.③  20.①  21.③

**22** 다음 말하기의 문제점을 해결하기 위한 의사소통 전략으로 적절한 것은?

> • (부장님이 팀장님께) "어이, 김팀장 이번에 성과 오르면 내가 술 사줄게."
> • (팀장님이 거래처 과장에게) "그럼 그렇게 일정을 맞혀보도록 하죠."
> • (뉴스에서 아나운서가) "이번 부동산 정책은 이전과 비교해서 많이 틀려졌습니다."

① 청자의 배경지식을 고려해서 표현을 달리한다.
② 문화적 차이에서 비롯되는 갈등에 효과적으로 대처한다.
③ 상대방의 공감을 이끌어 낼 수 있는 전략을 효과적으로 활용한다.
④ 상황이나 어법에 맞는 적절한 언어표현을 사용한다.
⑤ 정확한 의사전달을 위해 비언어적 표현을 효과적으로 사용한다.

 제시된 글들은 모두 상황이나 어법에 맞지 않는 표현을 사용한 것이다. 상황에 따라 존대어, 겸양어를 적절히 사용하고 의미가 분명하게 드러나도록 어법에 맞는 적절한 언어표현이 필요하다.

**23** 다음은 스티븐 씨의 한국방문일정이다. 정확하지 않은 것은?

> Tues, march, 24, 2018
> 10:30 Arrive Seoul (KE 086)
> 12:00~14:00 Luncheon with Directors at Seoul Branch
> 14:30~16:00 Meeting with Suppliers
> 16:30~18:00 Tour of Insa-dong
> 19:00 Depart for Dinner
>
> Wed, march, 25, 2018
> 8:30 Depart for New York (OZ 222)
> 11:00 Arrive New York

① 총 2대의 비행기를 이용할 것이다.
② 오후에 인사동을 관광할 것이다.
③ 서울에 도착 후 이사와 오찬을 먹을 것이다.
④ 둘째 날 일정은 오후 11시에 끝난다.
⑤ OZ 222편으로 뉴욕으로 돌아간다.

④ 둘째 날은 따로 일정이 없으며 8시 30분에 뉴욕으로 떠난다.
① KE 086, OZ 222을 탔다는 내용을 보아 두 편의 항공기를 이용했음을 알 수 있다.
② 4시 30분부터 6시까지 인사동 관광이 예정되어 있다.
③ 12시부터 2시까지 이사와 Seoul Branch에서 오찬약속이 있다.
⑤ OZ 222편을 이용하여 뉴욕으로 떠난다.

**24** 다음에 제시된 대화의 빈칸에 들어갈 적절한 문장을 고르면?

---

Mr. Lee : Dr. KIM! It's been a while since we spoke.
Secretary : Who am I speaking to?
Mr. Lee : Oh! I'm sorry. I'm Lee from ABC Pharmaceutical Company. I'd like to speak to Dr. KIM.
Secretary : Hold on. _____

(after a while)

Secretary : I'm sorry, but he's not at his desk now. Can I take a message for you?
Mr. Lee : Please tell him I called.

---

① Would you like some coffee?

② I'll put you through.

③ I'll go and powder my nose.

④ Don't be late.

⑤ What's your mobile number?

① 커피 좀 드릴까요?
② 바꿔드리겠습니다.
③ 화장실 다녀올게요.
④ 늦지 마세요.
⑤ 휴대폰 번호가 어떻게 되세요?
「Mr. Lee : KIM 박사님! 오랜만에 통화하는군요.
Secretary : 실례지만 누구시죠?
Mr. Lee : 오! 죄송합니다. 저는 ABC 제약회사에 Lee입니다. KIM 박사님과 통화하고 싶습니다.
Secretary : 잠깐만요. <u>바꿔드릴게요.</u>
(잠시 후)
Secretary : 죄송합니다만, 그는 자리에 계시지 않습니다. 메모 남기시겠습니까?
Mr. Lee : 저한테 전화가 왔었다고 전해 주세요.」

**Answer** ➡ 22.④  23.④  24.②

**25** 다음 빈칸에 들어갈 단어로 적절한 것은?

> People ask you for criticism, but they only want _____.

① praise

② dissatisfaction

③ honor

④ wealth

⑤ fact

 사람들은 당신에게 비평을 요구하지만, 사실 그들이 원하는 것은 <u>칭찬</u>이다.
① 칭찬  ② 불만  ③ 명예  ④ 부  ⑤ 사실

**26** 다음 밑줄 친 단어의 의미와 동일하게 쓰인 것을 고르시오.

> 김동연 경제부총리 겸 기획재정부 장관은 26일 최근 노동이슈 관련 "다음 주부터 시행되는 노동시간 단축 관련 올해 말까지 계도기간을 설정해 단속보다는 제도 정착에 초점을 두고 추진할 것"이라고 밝혔다.
>
> 김동연 부총리는 이날 정부서울청사에서 노동현안 관련 경제현안간담회를 주재하고 "7월부터 노동시간 단축제도가 시행되는 모든 기업에 대해 시정조치 기간을 최장 6개월로 <u>늘리고</u>, 고소·고발 등 법적인 문제의 처리 과정에서도 사업주의 단축 노력이 충분히 참작될 수 있도록 하겠다."라며 이같이 말했다.
>
> 김 부총리는 "노동시간 단축 시행 실태를 면밀히 조사해 탄력 근로단위기간 확대 등 제도개선 방안도 조속히 마련하겠다."라며 "불가피한 경우 특별 연장근로를 인가받아 활용할 수 있도록 구체적인 방안을 강구할 것"이라고 밝혔다.

① 우리는 10년 만에 넓은 평수로 <u>늘려</u> 이사했다.

② 그 집은 알뜰한 며느리가 들어오더니 금세 재산을 <u>늘려</u> 부자가 되었다.

③ 적군은 세력을 <u>늘린</u> 후 다시 침범하였다.

④ 실력을 <u>늘려서</u> 다음에 다시 도전해 보아라.

⑤ 대학은 학생들의 건의를 받아들여 쉬는 시간을 <u>늘리는</u> 방안을 추진 중이다.

 밑줄 친 '늘리고'는 '시간이나 기간이 길어지다.'의 뜻으로 쓰였다. 따라서 이와 의미가 동일하게 쓰인 것은 ⑤이다.
① 물체의 넓이, 부피 따위를 본디보다 커지게 하다.
② 살림이 넉넉해지다.
③ 힘이나 기운, 세력 따위가 이전보다 큰 상태가 되다.
④ 재주나 능력 따위가 나아지다.

**27** 다음은 □□기관 A 사원이 작성한 '도농(都農)교류 활성화 방안'이라는 보고서의 개요이다. 본론Ⅰ을 바탕으로 구성한 본론Ⅱ의 항목들로 적절하지 않은 것은?

---

A. 서론
 1. 도시와 농촌의 현재 상황과 미래 전망
 2. 생산적이고 쾌적한 농촌 만들기를 위한 도농교류의 필요성

B. 본론Ⅰ : 현재 실시되고 있는 도농교류제도의 문제점
 1. 행정적 차원
   1) 소규모의 일회성 사업 난립
   2) 지속적이고 안정적인 예산 확보 미비
   3) □□기관 내 일원화된 추진체계 미흡
 2. 소통적 차원
   1) 도시민들의 농촌에 대한 부정적 인식
   2) 농민들의 시장상황에 대한 정보 부족

C. 본론Ⅱ : 도농교류 활성화를 위한 추진과제



D. 결론

---

① 지역별 브랜드화 전략을 통한 농촌 이미지 제고
② 도농교류사업 추진 건수에 따른 예산 배정
③ 1사1촌(1社1村) 운동과 같은 교류 프로그램 활성화
④ 도농교류 책임기관으로서 □□기관 산하에 도농교류센터 신설
⑤ 농촌 기초지자체와 대도시 자치구의 연계사업을 위한 장기적 지원금 확보

**Tip** 도농교류사업 추진 건수에 따라 예산을 배정할 경우, 소규모의 일회성 사업이 난립하게 된다. 또한 지속적이고 안정적인 예산 확보도 어렵다.
 ① 본론Ⅰ-2-1) 도시민들의 농촌에 대한 부정적 인식을 개선하기 위한 과제로 적절하다.
 ③ 본론Ⅰ-1-1) 소규모의 일회성 사업 난립에 대한 개선책으로 적절하다.
 ④ 본론Ⅰ-1-3) □□기관 내 일원화된 추진체계 미흡을 해결하기 위한 과제로 적절하다.
 ⑤ 본론Ⅰ-1-2) 지속적이고 안정적인 예산 확보 미비에 대한 해결책으로 적절하다.

***Answer*** 25.① 26.⑤ 27.②

**28** 다음은 ○○문화회관 전시기획팀의 주간회의록이다. 자료에 대한 내용으로 옳은 것은?

| 주 간 회 의 록 | | | | | |
|---|---|---|---|---|---|
| 회의일시 | 2018. 7. 2(월) | 부 서 | 전시기획팀 | 작 성 자 | 사원 甲 |
| 참 석 자 | 戊 팀장, 丁 대리, 丙 사원, 乙 사원 | | | | |
| 회의안건 | 1. 개인 주간 스케줄 및 업무 점검<br>2. 2018년 하반기 전시 일정 조정 | | | | |

| | 내 용 | | | 비 고 | |
|---|---|---|---|---|---|
| 회의내용 | 1. 개인 주간 스케줄 및 업무 점검<br>• 戊 팀장 : 하반기 전시 참여 기관 미팅,<br>  외부 전시장 섭외<br>• 丁 대리 : 하반기 전시 브로슈어 작업,<br>  브로슈어 인쇄 업체 선정<br>• 丙 사원 : 홈페이지 전시 일정 업데이트<br>• 乙 사원 : 2018년 상반기 전시 만족도 조사<br><br>2. 2018년 하반기 전시 일정 조정<br>• 하반기 전시 기간 : 9~11월, 총 3개월<br>• 전시 참여 기관 : A~I 총 9팀<br>– 관내 전시장 6팀, 외부 전시장 3팀<br>• 전시 일정 : 관내 2팀, 외부 1팀으로 3회 진행 | | | • 7월 7일 AM 10:00<br>외부 전시장 사전답사<br>(戊 팀장, 丁 대리)<br><br><br><br><br><br><br><br>• 회의 종료 후, 전시 참여<br>기관에 일정 안내<br>(7월 4일까지 변경 요청<br>없을 시 그대로 확정) | |

| 기간＼장소 | 관내 전시장 | 외부 전시장 |
|---|---|---|
| 9월 | A, B | C |
| 10월 | D, E | F |
| 11월 | G, H | I |

| | 내용 | 작 업 자 | 진행일정 | |
|---|---|---|---|---|
| 결정사항 | 브로슈어 표지 이미지 샘플조사 | 丙 사원 | 2018. 7. 2~2018. 7. 3 | |
| | 상반기 전시 만족도 설문조사 | 乙 사원 | 2018. 7. 2~2018. 7. 5 | |

| 특이사항 | 다음 회의 일정 : 7월 9일<br>• 2018년 상반기 전시 만족도 확인<br>• 브로슈어 표지 결정, 내지 1차 시안 논의 |
|---|---|

① 이번 주 금요일 외부 전시장 사전 답사에는 戊 팀장과 丁 대리만 참석한다.

② 丙 사원은 이번 주에 홈페이지 전시 일정 업데이트만 하면 된다.

③ 7월 4일까지 전시 참여 기관에서 별도의 연락이 없었다면, H팀의 전시는 2018년 11월 관내 전시장에 볼 수 있다.

④ 2018년 하반기 전시는 ○○문화회관 관내 전시장에서만 열릴 예정이다.

⑤ 乙 사원은 이번 주 금요일까지 상반기 전시 만족도 설문조사를 진행할 예정이다.

 ① 외부 전시장 사전 답사일인 7월 7일은 토요일이다.
② 丙 사원은 개인 주간 스케줄인 '홈페이지 전시 일정 업데이트' 외에 7월 2일부터 7월 3일까지 '브로슈어 표지 이미지 샘플조사'를 하기로 결정되었다.
④ 2018년 하반기 전시는 관내 전시장과 외부 전시장에서 열릴 예정이다.
⑤ 乙 사원은 7. 2(월)~7. 5(목)까지 상반기 전시 만족도 설문조사를 진행할 예정이다.

Answer→ 28.③

**29** 다음은 K방송국 신입사원 甲이 모니터링 업무를 하던 중 문제가 될 수 있는 보도 자료들을 수집한 것이다. 다음 중 그 문제의 성격이 다른 하나는?

(가) 2004년 성매매특별법이 도입되었다. 한 지방경찰청의 범죄통계에 따르면 특별법 도입 직후 한 달 동안 성폭력 범죄 신고 및 강간사건의 수치가 지난 5년 동안의 월 평균보다 약간 높게 나타났다. 성범죄 수치는 계절과 주기별로 다르게 나타난다. K방송국 이 통계에 근거해 "성매매특별법 시행 이후 성범죄 급속히 늘어"라는 제목의 기사를 내었다.

(나) 1994~1996년 사이 항공 사고로 인한 사망자가 적은 해에는 10명 미만, 많은 해에는 200~300명 발생하였다. 같은 기간 산업재해로 인한 사망자는 매년 5,000명 이상, 상해자는 700만 명 가량 발생하였다. 이 시기 K방송국은 항공 사고에 대한 보도를 50편 가량 발표했다. 반면, 위험한 장비와 관련한 안전사고, 비위생적 노동조건으로 인한 질병 등 산업재해로 인한 사망사건에 대한 보도는 거의 없었다.

(다) 1996~1997년 사이 통계를 보면 미국 사회 전체에서 폭력사건으로 인한 사망자 수는 5,400명이었다. 이 가운데 학교에서 발생한 폭력사건으로 인한 사망자 수는 19명이었으며 10개 공립학교에서 발생했다. 이로부터 K방송국은 "시한폭탄 같은 10대들"이라는 제하에 헤드라인 기사로 청소년 폭력문제를 다루었고, 뉴스 프로그램을 통해 청소년들의 흉악한 행동이 미국 전역의 학교와 도시에서 만연하고 있다고 보도했다.

(라) 1990~1997년 사이 교통사고로 인한 사망자 25만 명 중 난폭 운전에 의해 사망한 사람은 218명이었다. 그리고 같은 시기 부상을 당한 2,000만 명의 자동차 운전자들 가운데 난폭 운전자에 의해 사고를 당했다고 추정되는 사람은 전체 부상자의 0.1% 미만이었다. 이에 대해 K방송국은 "교통사고의 주범 난폭운전"이란 제하에 난폭운전으로 인한 인명피해가 최근 전국적으로 넘쳐나고 있다고 보도했다.

(마) 1996년 한 연구기관에서 미국사회의 질병에 관한 통계 조사를 실시했다. 그 결과에 따르면 미국인 가운데 비만에 걸린 사람은 190만 명으로 미국인 전체 성인 중 약 1.5%를 차지했다. 이로부터 K방송국은 미국 성인의 대부분이 비만에 걸려 있으며 앞으로 비만이 미국사회의 가장 심각한 사회문제가 될 것이라는 내용의 기사를 실었다.

① (가)  ② (나)
③ (다)  ④ (라)
⑤ (마)

(가), (다), (라), (마)는 통계 조사 등의 결과를 과대 해석하여 보도하였다는 공통적인 문제가 있다. 반면 (나)의 경우는 같은 기간 훨씬 더 많이 발생한 산업재해 사망사건에 대해서는 거의 보도하지 않으면서, 상대적으로 적은 항공 사고에 대해서는 많은 보도를 발표하였다는 점에서 문제를 제기할 수 있다.

**30** 다음 문맥상 ㉠과 바꾸어 쓸 수 있는 단어를 탐구한 내용으로 가장 적절한 것은?

> 옛날 독서하는 사람에게는 다섯 가지 방법이 있었다. 첫 번째 방법은 박학(博學)이다. 곧 두루 혹은 널리 배운다는 것이다. 두 번째 방법은 심문(審問)이다. 곧 자세히 묻는다는 것이다. 세 번째 방법은 신사(愼思)로서 신중하게 생각한다는 것이다. 네 번째 방법은 명변(明辯)인데 명백하게 분별한다는 것이다. 마지막 다섯 번째 방법은 독행(篤行)으로 곧 진실한 마음으로 성실하게 실천한다는 것이다.
>
> 그런데 오늘날 독서하는 사람은 두루 혹은 널리 배운다는 박학에만 집착할 뿐 심문을 비롯한 네 가지 방법에 대해서는 관심조차 두지 않는다. 또한 한나라 시대 유학자의 학설이라면 그 요점과 본줄기도 따져 보지 않고, 그 끝맺는 취지도 ㉠살피지 않은 채 오로지 한마음으로 믿고 추종한다. 이 때문에 가깝게는 마음을 다스리고 성품을 찾을 생각은 하지도 않고, 멀게는 세상을 올바르게 인도하고 백성을 잘 다스리는 일에 대해서는 관심조차 두지 않는다. 오로지 자신만이 널리 듣고 많이 기억하며, 시나 문장을 잘 짓고 논리나 주장을 잘 펼치는 것을 자랑삼아 떠벌리면서 '세상은 고루하다'고 비웃고 다닌다.

① 한 곳을 똑바로 바라본다는 뜻이니 '응시(凝視)하지'로 바꿀 수 있겠군.
② 생각하고 헤아려 본다는 뜻이니 '고려(考慮)하지'로 바꿀 수 있겠군.
③ 자기의 마음을 반성하고 살핀다는 뜻이니 '성찰(省察)하지'로 바꿀 수 있겠군.
④ 일을 해결할 수 있는 방법을 찾는다는 뜻이니 '모색(摸索)하지'로 바꿀 수 있겠군.
⑤ 사물이나 현상을 주의하여 자세히 살펴본다는 뜻이니 '관찰(觀察)하지'로 바꿀 수 있겠군.

 ㉠은 '자세히 따지거나 헤아려 보다'의 의미로 쓰였다. 따라서 바꾸어 쓸 수 있는 단어를 탐구한 내용으로는 ②가 가장 적절하다.

# 02 문제해결능력

## 1 문제와 문제해결

### (1) 문제의 정의와 분류

① 정의 … 업무를 수행함에 있어서 답을 요구하는 질문이나 의논하여 해결해야 되는 사항이다.

② 문제의 분류

| 구분 | 창의적 문제 | 분석적 문제 |
|---|---|---|
| 문제제시 방법 | 현재 문제가 없더라도 보다 나은 방법을 찾기 위한 문제 탐구→문제 자체가 명확하지 않음 | 현재의 문제점이나 미래의 문제로 예견될 것에 대한 문제 탐구→문제 자체가 명확함 |
| 해결방법 | 창의력에 의한 많은 아이디어의 작성을 통해 해결 | 분석, 논리, 귀납과 같은 논리적 방법을 통해 해결 |
| 해답 수 | 해답의 수가 많으며, 많은 답 가운데 보다 나은 것을 선택 | 답의 수가 적으며 한정되어 있음 |
| 주요특징 | 주관적, 직관적, 감각적, 정성적, 개별적, 특수성 | 객관적, 논리적, 정량적, 이성적, 일반적, 공통성 |

### (2) 업무수행과정에서 발생하는 문제 유형

① 발생형 문제(보이는 문제) … 현재 직면하여 해결하기 위해 고민하는 문제이다. 원인이 내재되어 있기 때문에 원인지향적인 문제라고도 한다.
   ㉠ 일탈문제 : 어떤 기준을 일탈함으로써 생기는 문제
   ㉡ 미달문제 : 어떤 기준에 미달하여 생기는 문제

② 탐색형 문제(찾는 문제) … 현재의 상황을 개선하거나 효율을 높이기 위한 문제이다. 방치할 경우 큰 손실이 따르거나 해결할 수 없는 문제로 나타나게 된다.
   ㉠ 잠재문제 : 문제가 잠재되어 있어 인식하지 못하다가 확대되어 해결이 어려운 문제
   ㉡ 예측문제 : 현재로는 문제가 없으나 현 상태의 진행 상황을 예측하여 찾아야 앞으로 일어날 수 있는 문제가 보이는 문제
   ㉢ 발견문제 : 현재로서는 담당 업무에 문제가 없으나 선진기업의 업무 방법 등 보다 좋은 제도나 기법을 발견하여 개선시킬 수 있는 문제

③ 설정형 문제(미래 문제) ··· 장래의 경영전략을 생각하는 것으로 앞으로 어떻게 할 것인가 하는 문제이다. 문제해결에 창조적인 노력이 요구되어 창조적 문제라고도 한다.

---

**예제 1**

D회사 신입사원으로 입사한 귀하는 신입사원 교육에서 업무수행과정에서 발생하는 문제 유형 중 설정형 문제를 하나씩 찾아오라는 지시를 받았다. 이에 대해 귀하는 교육받은 내용을 다시 복습하려고 한다. 설정형 문제에 해당하는 것은?

① 현재 직면하여 해결하기 위해 고민하는 문제
② 현재의 상황을 개선하거나 효율을 높이기 위한 문제
③ 앞으로 어떻게 할 것인가 하는 문제
④ 원인이 내재되어 있는 원인지향적인 문제

[출제의도]
업무수행 중 문제가 발생하였을 때 문제 유형을 구분하는 능력을 측정하는 문항이다.
[해설]
업무수행과정에서 발생하는 문제 유형으로는 발생형 문제, 탐색형 문제, 설정형 문제가 있으며 ①④는 발생형 문제이며 ②는 탐색형 문제, ③이 설정형 문제이다.

**답 ③**

---

## (3) 문제해결

① 정의 ··· 목표와 현상을 분석하고 이 결과를 토대로 과제를 도출하여 최적의 해결책을 찾아 실행·평가해 가는 활동이다.

② 문제해결에 필요한 기본적 사고
  ㉠ 전략적 사고 : 문제와 해결방안이 상위 시스템과 어떻게 연결되어 있는지를 생각한다.
  ㉡ 분석적 사고 : 전체를 각각의 요소로 나누어 그 의미를 도출하고 우선순위를 부여하여 구체적인 문제해결방법을 실행한다.
  ㉢ 발상의 전환 : 인식의 틀을 전환하여 새로운 관점으로 바라보는 사고를 지향한다.
  ㉣ 내·외부자원의 활용 : 기술, 재료, 사람 등 필요한 자원을 효과적으로 활용한다.

③ 문제해결의 장애요소
  ㉠ 문제를 철저하게 분석하지 않는 경우
  ㉡ 고정관념에 얽매이는 경우
  ㉢ 쉽게 떠오르는 단순한 정보에 의지하는 경우
  ㉣ 너무 많은 자료를 수집하려고 노력하는 경우

④ 문제해결방법
   ㉠ 소프트 어프로치 : 문제해결을 위해서 직접적인 표현보다는 무언가를 시사하거나 암시를 통하여 의사를 전달하여 문제해결을 도모하고자 한다.
   ㉡ 하드 어프로치 : 상이한 문화적 토양을 가지고 있는 구성원을 가정하고, 서로의 생각을 직설적으로 주장하고 논쟁이나 협상을 통해 서로의 의견을 조정해 가는 방법이다.
   ㉢ 퍼실리테이션(facilitation) : 촉진을 의미하며 어떤 그룹이나 집단이 의사결정을 잘 하도록 도와주는 일을 의미한다.

## 2 문제해결능력을 구성하는 하위능력

### (1) 사고력

① 창의적 사고 … 개인이 가지고 있는 경험과 지식을 통해 새로운 가치 있는 아이디어를 산출하는 사고능력이다.
   ㉠ 창의적 사고의 특징
   • 정보와 정보의 조합
   • 사회나 개인에게 새로운 가치 창출
   • 창조적인 가능성

---

**예제 2**

M사 홍보팀에서 근무하고 있는 귀하는 입사 5년차로 창의적인 기획안을 제출하기로 유명하다. S부장은 이번 신입사원 교육 때 귀하에게 창의적인 사고란 무엇인지 교육을 맡아달라고 부탁하였다. 창의적인 사고에 대한 귀하의 설명으로 옳지 않은 것은?

① 창의적인 사고는 새롭고 유용한 아이디어를 생산해 내는 정신적인 과정이다.
② 창의적인 사고는 특별한 사람들만이 할 수 있는 대단한 능력이다.
③ 창의적인 사고는 기존의 정보들을 특정한 요구조건에 맞거나 유용하도록 새롭게 조합시킨 것이다.
④ 창의적인 사고는 통상적인 것이 아니라 기발하거나, 신기하며 독창적인 것이다.

[출제의도]
창의적 사고에 대한 개념을 정확히 파악하고 있는지를 묻는 문항이다.
[해설]
흔히 사람들은 창의적인 사고에 대해 특별한 사람들만이 할 수 있는 대단한 능력이라고 생각하지만 그리 대단한 능력이 아니며 이미 알고 있는 경험과 지식을 해체하여 다시 새로운 정보로 결합하여 가치 있는 아이디어를 산출하는 사고라고 할 수 있다.

답 ②

---

ⓒ 발산적 사고 : 창의적 사고를 위해 필요한 것으로 자유연상법, 강제연상법, 비교발상법 등을 통해 개발할 수 있다.

| 구분 | 내용 |
|------|------|
| 자유연상법 | 생각나는 대로 자유롭게 발상 ex) 브레인스토밍 |
| 강제연상법 | 각종 힌트에 강제적으로 연결 지어 발상 ex) 체크리스트 |
| 비교발상법 | 주제의 본질과 닮은 것을 힌트로 발상 ex) NM법, Synectics |

Point 》 브레인스토밍
ⓐ 진행방법
  • 주제를 구체적이고 명확하게 정한다.
  • 구성원의 얼굴을 볼 수 있는 좌석 배치와 큰 용지를 준비한다.
  • 구성원들의 다양한 의견을 도출할 수 있는 사람을 리더로 선출한다.
  • 구성원은 다양한 분야의 사람들로 5~8명 정도로 구성한다.
  • 발언은 누구나 자유롭게 할 수 있도록 하며, 모든 발언 내용을 기록한다.
  • 아이디어에 대한 평가는 비판해서는 안 된다.
ⓑ 4대 원칙
  • 비판엄금(Support) : 평가 단계 이전에 결코 비판이나 판단을 해서는 안 되며 평가는 나중까지 유보한다.
  • 자유분방(Silly) : 무엇이든 자유롭게 말하고 이런 바보 같은 소리를 해서는 안 된다는 등의 생각은 하지 않아야 한다.
  • 질보다 양(Speed) : 질에는 관계없이 가능한 많은 아이디어들을 생성해내도록 격려한다.
  • 결합과 개선(Synergy) : 다른 사람의 아이디어에 자극되어 보다 좋은 생각이 떠오르고, 서로 조합하면 재미있는 아이디어가 될 것 같은 생각이 들면 즉시 조합시킨다.

② **논리적 사고** … 사고의 전개에 있어 전후의 관계가 일치하고 있는가를 살피고 아이디어를 평가하는 사고능력이다.

ⓐ 논리적 사고를 위한 5가지 요소 : 생각하는 습관, 상대 논리의 구조화, 구체적인 생각, 타인에 대한 이해, 설득

ⓑ 논리적 사고 개발 방법
  • 피라미드 구조 : 하위의 사실이나 현상부터 사고하여 상위의 주장을 만들어가는 방법
  • so what기법 : '그래서 무엇이지?'하고 자문자답하여 주어진 정보로부터 가치 있는 정보를 이끌어 내는 사고 기법

③ **비판적 사고** … 어떤 주제나 주장에 대해서 적극적으로 분석하고 종합하며 평가하는 능동적인 사고이다.

ⓐ 비판적 사고 개발 태도 : 비판적 사고를 개발하기 위해서는 지적 호기심, 객관성, 개방성, 융통성, 지적 회의성, 지적 정직성, 체계성, 지속성, 결단성, 다른 관점에 대한 존중과 같은 태도가 요구된다.

© 비판적 사고를 위한 태도
- 문제의식 : 비판적인 사고를 위해서 가장 먼저 필요한 것은 바로 문제의식이다. 자신이 지니고 있는 문제와 목적을 확실하고 정확하게 파악하는 것이 비판적인 사고의 시작이다.
- 고정관념 타파 : 지각의 폭을 넓히는 일은 정보에 대한 개방성을 가지고 편견을 갖지 않는 것으로 고정관념을 타파하는 일이 중요하다.

## (2) 문제처리능력과 문제해결절차

① 문제처리능력 … 목표와 현상을 분석하고 이를 토대로 문제를 도출하여 최적의 해결책을 찾아 실행·평가하는 능력이다.

② 문제해결절차 … 문제 인식 → 문제 도출 → 원인 분석 → 해결안 개발 → 실행 및 평가
  ⊙ 문제 인식 : 문제해결과정 중 'what'을 결정하는 단계로 환경 분석 → 주요 과제 도출 → 과제 선정의 절차를 통해 수행된다.
   - 3C 분석 : 환경 분석 방법의 하나로 사업환경을 구성하고 있는 요소인 자사(Company), 경쟁사(Competitor), 고객(Customer)을 분석하는 것이다.

---

**예제 3**

L사에서 주력 상품으로 밀고 있는 TV의 판매 이익이 감소하고 있는 상황에서 귀하는 B부장으로부터 3C분석을 통해 해결방안을 강구해 오라는 지시를 받았다. 다음 중 3C에 해당하지 않는 것은?

① Customer                  ② Company
③ Competitor                ④ Content

[출제의도]
3C의 개념과 구성요소를 정확히 숙지하고 있는지를 측정하는 문항이다.
[해설]
3C 분석에서 사업 환경을 구성하고 있는 요소인 자사(Company), 경쟁사(Competitor), 고객을 3C (Customer)라고 한다. 3C 분석에서 고객 분석에서는 '고객은 자사의 상품·서비스에 만족하고 있는지'를, 자사 분석에서는 '자사가 세운 달성목표와 현상 간에 차이가 없는지'를 경쟁사 분석에서는 '경쟁기업의 우수한 점과 자사의 현상과 차이가 없는지'에 대한 질문을 통해서 환경을 분석하게 된다.

답 ④

- SWOT 분석 : 기업내부의 강점과 약점, 외부환경의 기회와 위협요인을 분석·평가하여 문제해결 방안을 개발하는 방법이다.

| | | 내부환경요인 | |
| --- | --- | --- | --- |
| | | 강점(Strengths) | 약점(Weaknesses) |
| 외부환경요인 | 기회 (Opportunities) | SO 내부강점과 외부기회 요인을 극대화 | WO 외부기회를 이용하여 내부약점을 강점으로 전환 |
| | 위협 (Threat) | ST 외부위협을 최소화하기 위해 내부강점을 극대화 | WT 내부약점과 외부위협을 최소화 |

- ⓛ 문제 도출 : 선정된 문제를 분석하여 해결해야 할 것이 무엇인지를 명확히 하는 단계로, 문제 구조 파악 → 핵심 문제 선정 단계를 거쳐 수행된다.
  - Logic Tree : 문제의 원인을 파고들거나 해결책을 구체화할 때 제한된 시간 안에서 넓이와 깊이를 추구하는데 도움이 되는 기술로 주요 과제를 나무모양으로 분해·정리하는 기술이다.
- ⓒ 원인 분석 : 문제 도출 후 파악된 핵심 문제에 대한 분석을 통해 근본 원인을 찾는 단계로 Issue 분석 → Data 분석 → 원인 파악의 절차로 진행된다.
- ⓔ 해결안 개발 : 원인이 밝혀지면 이를 효과적으로 해결할 수 있는 다양한 해결안을 개발하고 최선의 해결안을 선택하는 것이 필요하다.
- ⓜ 실행 및 평가 : 해결안 개발을 통해 만들어진 실행계획을 실제 상황에 적용하는 활동으로 실행계획 수립 → 실행 → Follow-up의 절차로 진행된다.

---

**| 예제 4**

C사는 최근 국내 매출이 지속적으로 하락하고 있어 사내 분위기가 심상치 않다. 이에 대해 Y부장은 이 문제를 극복하고자 문제처리 팀을 구성하여 해결방안을 모색하도록 지시하였다. 문제처리 팀의 문제해결 절차를 올바른 순서로 나열한 것은?

① 문제 인식 → 원인 분석 → 해결안 개발 → 문제 도출 → 실행 및 평가
② 문제 도출 → 문제 인식 → 해결안 개발 → 원인 분석 → 실행 및 평가
③ 문제 인식 → 원인 분석 → 문제 도출 → 해결안 개발 → 실행 및 평가
④ 문제 인식 → 문제 도출 → 원인 분석 → 해결안 개발 → 실행 및 평가

[출제의도]
실제 업무 상황에서 문제가 일어났을 때 해결 절차를 알고 있는지를 측정하는 문항이다.
[해설]
일반적인 문제해결절차는 '문제 인식 → 문제 도출 → 원인 분석 → 해결안 개발 → 실행 및 평가로 이루어진다.

답 ④

**1** 다음은 전기사업법 시행규칙 중 안전관리 업무를 전문으로 하는 자 등의 등록취소 및 업무 정지 기준이다. 이에 대한 설명으로 옳지 않은 것은?

---

### 1. 일반기준

㉠ 위반행위가 두 종류 이상인 경우로서 그에 해당하는 각각의 처분기준이 다른 경우에는 그 중 무거운 처분기준에 따르며, 두 종류 이상의 처분기준이 같은 업무정지인 경우에는 무거운 처분기준의 2분의 1까지 가중한다.

㉡ 위반행위의 횟수에 따른 행정처분의 기준은 최근 3년간 같은 위반행위로 행정처분을 받은 경우에 적용한다. 이 경우 적용기준일은 같은 위반사항에 대한 행정처분일과 재적발일을 기준으로 한다.

㉢ 행정처분권자는 위반행위의 동기·내용·횟수 및 위반의 정도 등을 고려하여 개별기준에서 정한 업무정지 기간의 2분의 1의 범위에서 그 처분을 가중하거나 경감하여 처분할 수 있다.

### 2. 개별기준

| 위반내용 | 행정처분기준 | | |
|---|---|---|---|
| | 1회 위반 | 2회 위반 | 3회 위반 |
| ㉠ 거짓이나 그 밖의 부정한 방법으로 등록한 경우 | 등록취소 | | |
| ㉡ 자본금, 보유하여야 할 기술인력 등 대통령령으로 정하는 요건에 미달한 날부터 1개월이 지난 경우 | 업무정지 3개월 | 업무정지 6개월 | 등록취소 |
| ㉢ 발급받은 등록증을 다른 사람에게 빌려 준 경우 | 업무정지 6개월 | 등록취소 | |
| ㉣ 전기안전관리 대행업무의 범위 및 업무량을 넘거나 최소점검횟수에 미달한 경우 | 업무정지 3개월 | 업무정지 6개월 | 등록취소 |

---

① 부정한 방법으로 안전관리 업무를 전문으로 하는 자를 등록한 경우 등록취소의 행정처분을 받게 된다.

② 1년 전 발급받은 등록증을 다른 사람에게 빌려 준 행위로 행정처분을 받고 또다시 같은 위반행위를 했다면 등록취소 처분을 받게 된다.

③ 안전관리 업무를 전문으로 하는 자의 점검횟수가 최소점검횟수에 미달한 경우 최초 위반일 경우 업무정지 3개월 처분을 받게 된다.

④ 처음으로 전기안전관리 대행업무의 범위를 넘는 위반행위를 하였으나 행정처분권자가 위반행위의 동기 · 내용 등을 고려하여 가중하여 처분하였다면 최대 업무정지 6개월 처분을 받을 수 있다.

⑤ 업무정지 3개월 처분과 6개월 처분에 해당하는 2가지의 위반행위를 범했을 경우 업무정지 9개월 처분을 받게 된다.

> (Tip) ④ 업무정지 기간의 2분의 1의 범위에서 그 처분을 가중하거나 경감하여 처분할 수 있으므로 최대 업무정지 4.5개월의 처분을 받을 수 있다.

Answer☞ 1.④

**2** 다음 설명을 참고할 때, 대출금 지급이 조기에 만료되는 경우를 〈보기〉에서 모두 고른 것은? (단, 모두 주택연금 대출자로 가정한다)

---

**[대출금 지급의 조기 만료]**

주택담보노후연금대출을 받고 본인에게 다음 각 항목의 사유 중 하나라도 발생한 경우 은행으로부터 독촉, 통지 등이 없어도 본인은 당연히 은행에 대한 당해 채무의 기한의 이익을 상실하여 곧 이를 갚아야 할 의무를 지며, 대출 기한일과 관계없이 대출금 지급이 조기에 종료됩니다.

• 본인 및 배우자가 모두 사망한 경우
• 본인이 사망한 후 배우자가 6개월 이내에 담보주택의 소유권이전등기 및 채권자에 대한 보증부대출 채무의 인수를 마치지 아니한 경우
• 본인 및 배우자 담보주택에서 다른 장소로 이사한 경우
• 본인 및 배우자가 1년 이상 계속하여 담보주택에서 거주하지 아니한 경우. 다만, 입원 등 은행이 정하여 인터넷 홈페이지에 공고하는 불가피한 사유로 거주하지 아니한 경우는 제외한다.
• 본인이 담보주택의 소유권을 상실한 경우
• 주택담보노후연금대출 원리금이 근저당권의 설정 최고액을 초과할 것으로 예상되는 경우로서 채권자의 설정 최고액 변경 요구에 응하지 아니하는 경우
• 그밖에 은행의 주택금융운영위원회가 정하는 일정한 사유가 발생한 경우

---

**〈보기〉**

㈎ 7개월 전 대출 명의자인 남편이 사망하였으며, 은행에 보증부대출 채무 인수를 두 달 전 완료하여 소유권이전등기는 하지 않은 배우자 A씨
㈏ 5/1일부터 이듬해 4/30일까지의 기간 중 본인 및 배우자 모두 병원 입원 기간이 각각 1년을 초과하는 B씨 부부
㈐ 주택연금대출을 받고 3개월 후 살고 있던 집을 팔고 더 큰 집을 사서 이사한 C씨
㈑ 연금 대출금과 수시 인출금의 합이 담보주택에 대해 은행에서 행사할 수 있는 근저당권 최고금액을 초과하여 은행의 설정 최고액 변경 요구에 따라 필요한 절차를 수행하고 있는 D씨

---

① ㈎, ㈐
② ㈏, ㈑
③ ㈎, ㈏, ㈑
④ ㈎, ㈐, ㈑
⑤ ㈏, ㈐, ㈑

(가) 6개월 이내에 보증부대출 채무 인수는 마쳤으나 소유권이전등기를 하지 않았으므로 대출금 조기 만료에 해당된다. (O)

(나) 병원 입원 기간은 해당 사유에서 제외되므로 대출금이 조기 만료되지 않는다. (X)

(다) 본인이 담보주택의 소유권을 상실한 경우로 대출금 조기 만료에 해당된다. (O)

(라) D씨의 대출금과 근저당권 상황은 대출금 조기 만료에 해당될 수 있으나, 채권자인 은행의 설정 최고액 변경 요구에 응하고 있으므로 조기 만료에 해당되지 않는다. (X)

**3** 8층에서 엘리베이터를 타게 된 갑, 을, 병, 정, 무 5명은 5층부터 내리기 시작하여 마지막 다섯 번째 사람이 1층에서 내리게 되었다. 다음 〈조건〉을 만족할 때, 1층에서 내린 사람은 누구인가?

〈조건〉
• 2명이 함께 내린 층은 4층이며, 나머지는 모두 1명씩만 내렸다.
• 을이 내리기 직전 층에서는 아무도 내리지 않았다.
• 무는 정의 바로 다음 층에서 내렸다.
• 갑과 을은 1층에서 내리지 않았다.

① 갑  ② 을
③ 병  ④ 정
⑤ 무

 문제의 내용과 조건의 내용에서 알 수 있는 것은 다음과 같다.
• 5층과 1층에서는 적어도 1명이 내렸다.
• 4층에서는 2명이 내렸다. →2층 또는 3층 중 아무도 내리지 않은 층이 한 개 있다.
그런데 네 번째 조건에 따라 을은 1층에서 내리지 않았고, 두 번째 조건에 따라 을이 내리기 직전 층에서는 아무도 내리지 않아야 하므로, 을은 2층에서 내렸고 3층에서는 아무도 내리지 않은 것이 된다(∵ 2층 또는 3층 중 아무도 내리지 않은 층이 한 개 있으므로)
또한 무는 정의 바로 다음 층에서 내렸다는 세 번째 조건에 따르면, 정이 5층에서 내리고 무가 4층에서 내린 것이 된다.
네 번째 조건에서 갑은 1층에서 내리지 않았다고 하였으므로, 2명이 함께 내린 층인 4층에서 무와 함께 내린 것이고, 결국 1층에서 내릴 수 있는 사람은 병이 된다.

**4** A~E 5명은 영어시험으로 말하기, 듣기, 쓰기, 읽기 네 가지 다른 영역의 시험을 각각 1시간씩 네 시간에 걸쳐 봐야 한다. 또한 1번부터 5번까지 순서대로 번호가 붙은 시험장을 한 곳씩 사용하며 각자 자신의 시험장에서 1시간마다 다른 영역의 시험을 봐야 한다. 아래 〈조건〉의 내용을 참고할 때 〈보기〉의 설명 중 옳지 않은 것을 모두 고르면?

〈조건〉
1) 같은 시간대에서는 인접한 두 시험장에서 동일한 영역을 시험볼 수 없다.
2) A는 3번 시험장을 사용하고, 두 번째 시험으로 읽기 시험을 본다.
3) B는 마지막 시간대에 쓰기 시험을 보고, 세 번째 시험에 A와 같은 영역의 시험을 본다.
4) E는 5번 시험장을 사용하고, 처음 시작할 때 듣기 시험을 봤으며, 마지막 시험은 읽기 시험이다.
5) B와 D는 마지막 시간대에 같은 영역의 시험을 본다.
6) 2번과 4번 시험장에 있는 수험생들은 처음에 반드시 읽기를 제외한 같은 영역의 시험을 본다.

㉠ E는 두 번째 시간대에 말하기나 쓰기 시험을 봐야 한다.
㉡ A가 세 번째 시간대에 말하기 시험을 본다면, B는 처음에 반드시 읽기 시험을 봐야 한다.
㉢ B가 처음에 읽기 시험, 두 번째 시간대에 말하기 시험을 본다면 A는 처음에 말하기 시험을 봐야 한다.
㉣ C의 마지막 시험이 듣기 시험일 때 A의 마지막 시험은 말하기 시험이다.

① ㉠㉡
② ㉠㉢
③ ㉠㉣
④ ㉡㉢
⑤ ㉢㉣

다음의 내용을 표로 정리하면 다음과 같다.

| | 1번 | 2번 | 3번 | 4번 | 5번 | 첫 번째 | 두 번째 | 세 번째 | 마지막 |
|---|---|---|---|---|---|---|---|---|---|
| A | | | ○ | | | | 읽기 | A,B (동일 시험) | |
| B | ○ | | | | | | | A,B (동일 시험) | 쓰기 |
| C | | ○ | | | | 말하기 | | | |
| D | | | | ○ | | 말하기 | | | 쓰기 |
| E | | | | | ○ | 듣기 | | | 읽기 |
| 첫 번째 | | 말하기 | | 말하기 | 듣기 | | | | |
| 두 번째 | | | 읽기 | | | | | | |
| 세 번째 | A,B (동일 시험) | A,B (동일 시험) | | | | | | | |
| 마지막 | 쓰기 | | | 쓰기 | 읽기 | | | | |

- 시험장의 경우 A와 E는 각각 3번과 5번 시험장에서 시험을 본다. 또한 3)에서 B는 세 번째 시간대에 A와 같은 시험을 본다고 했으며 1)의 조건에 의해 A와 B는 서로 나란히 붙어있는 시험장에서 시험을 보면 안 된다. 따라서 B의 시험장은 2번, 4번이 아니고 1번 시험장이 된다. 5)에서 B와 D는 인접한 시험장을 사용하지 못 하기 때문에 B가 1번 시험장이므로 D는 4번 시험장이 되고 C는 2번 시험장이 된다.
- 각각의 시간대별 시험의 경우 주어진 조건을 위의 표와 같이 채울 수 있으며 3)에서 B가 마지막 시간대에 쓰기 시험을 본다고 했으므로 5)에서 D도 마지막 시간대에 쓰기 시험을 본다. 6)에서 2번과 4번 시험장은 서로 떨어져 있는 시험장이므로 같은 시험을 볼 수 있으며 읽기를 제외한다고 했는데 5번 시험장에서 듣기 시험을 보고 있으므로 듣기 시험도 아니다. 그리고 D는 마지막 시간대에 쓰기를 보기 때문에 2번과 4번 시험장에서 시험을 보는 C와 D는 첫 번째로 말하기 시험을 봐야 한다.
- ㉠ : E는 첫 번째에 듣기, 마지막에 읽기 시험을 본다. 따라서 두 번째 시간대에 말하기나 쓰기 시험을 봐야한다. (○)
- ㉡ : A, B 동일시험에 해당하는 칸이 말하기 시험이라고 하는 것이므로 B는 세 번째 시간대에 말하기, 네 번째 시간대에 쓰기 시험을 봐야 한다. 첫 번째 시간대에는 듣기나 읽기 시험을 볼 수 있다. 그 시간대에 2번 시험장에서는 말하기 시험을 보고 있다. (×)
- ㉢ : B가 읽기, 말하기 시험을 보게 되면 세 번째 시간대에 듣기 시험을 보고 A도 세 번째 시간대에는 듣기 시험을 본다. A는 첫 번째 시간대에 쓰기와 말하기 시험을 볼 수 있지만 인접한 2번과 4번 시험장에서 말하기 시험을 보고 있기 때문에 쓰기 시험을 봐야 한다. (×)
- ㉣ : C의 2번 시험장에서 듣기 시험을 보고 4번 시험장에서는 D에 의해 쓰기 시험이 진행되므로 이미 두 번째 시간대에 읽기 시험을 본 A의 입장에서는 마지막 시험으로 말하기 시험을 봐야 한다. (○)

Answer↪ 4.④

**5** A, B 두 개의 건물로 이뤄진 ○○회사가 있다. A 건물에서 일하는 남사원은 참말만 하고 여사원은 거짓말만 한다. B 건물에서 일하는 남사원은 거짓말만 하고 여사원은 참말만 한다. ○○회사에서 일하는 사원은 남자거나 여자이다. A 건물에 사원 두 명과 B 건물에 사원 두 명이 다음과 같이 대화하고 있을 때, 보기에서 반드시 참인 것을 모두 고르면?

> 甲 : 나는 B 건물에서 일해.
>
> 乙 : 나는 B 건물에서 일해. 甲은 남사원이야.
>
> 丙 : 乙은 B 건물에서 일해. 乙은 남사원이야.
>
> 丁 : 乙은 A 건물에서 일해. 丙은 A 건물에서 일해.

> 〈보기〉
>
> ㉠ 甲과 乙은 다른 건물에서 일한다.
>
> ㉡ 乙과 丙은 같은 건물에서 일한다.
>
> ㉢ 乙, 丙, 丁 가운데 둘은 B 건물에서 일한다.
>
> ㉣ 이 대화에 참여하고 있는 이들은 모두 여사원이다.

① ㉠                          ② ㉡

③ ㉢㉣                      ④ ㉠㉡㉢

⑤ ㉠㉡㉣

 • 甲의 말이 참말인 경우

甲 : 나는 B 건물에서 일해→참말(甲은 B 건물에서 일하는 여사원)

乙 : 나는 B 건물에서 일해. 甲은 남사원이야. → 거짓말(乙은 A 건물에서 일하는 여사원)

丙 : 乙은 B 건물에서 일해. 乙은 남사원이야. → 거짓말

丁 : 乙은 A 건물에서 일해. 丙은 A 건물에서 일해→참말(丙은 A 건물에서 일하는 여사원)

이때 B 건물에서 일하는 사람도 두 사람이 되어야 하므로 丁은 B 건물에서 일해야 하는데 참말을 했으므로 여사원이고 성립이 가능하다. 따라서 甲이 참말일 경우 甲, 乙, 丙, 丁의 대화에 모순이 발견되지 않고 문제 조건을 충족한다.

• 甲의 말이 거짓말인 경우

甲 : 나는 B 건물에서 일해. → 거짓말(甲은 A 건물에서 일하는 여사원)

乙 : 나는 B 건물에서 일해. 甲은 남사원이야→거짓말(乙은 A 건물에서 일하는 여사원)

丙 : 乙은 B 건물에서 일해. 乙은 남사원이야. → 거짓말

丁 : 乙은 A 건물에서 일해. 丙은 A 건물에서 일해. → 乙이 A 건물에서 일하는 것이 참말이므로 丙이 A 건물에서 일하는 것도 참말이 되어야 하는데 丙이 A 건물에서 일하면 A 건물에서 일하는 사원이 甲, 乙, 丙 세 명이 되므로 문제의 조건을 충족하지 못 한다. 따라서 甲의 말은 참말만 가능

㉠ 甲은 B 건물에서 일하며 乙은 A 건물에서 일한다. (○)

㉡ 乙, 丙 모두 A 건물에서 일한다. (○)

㉢ 乙, 丙이 A 건물에서 일한다. (×)

㉣ 甲, 乙, 丙, 丁 모두 여사원이다. (○)

**6** 다음 중 업무수행과정에서 발생하는 문제 유형에 대한 설명으로 옳지 않은 것은?

① 발생형 문제는 보이는 문제로, 현재 직면하여 해결하기 위해 고민하는 문제이다.

② 발생형 문제는 원인이 내재되어 있는 문제로, 일탈문제와 미달문제가 있다.

③ 탐색형 문제는 찾는 문제로, 시급하지 않아 방치하더라도 문제가 되지 않는다.

④ 설정형 문제는 장래의 경영전략을 생각하는 것으로 앞으로 어떻게 할 것인가 하는 미래 문제이다.

⑤ 설정형 문제는 문제해결에 창조적인 노력이 요구되어 창조적 문제라고도 한다.

 ③ 탐색형 문제는 현재의 상황을 개선하거나 효율을 높이기 위한 문제로, 방치할 경우 큰 손실이 따르거나 해결할 수 없는 문제로 나타나게 된다.


**7** 다음에 설명하고 있는 문제해결 방법은?

> 상이한 문화적 배경을 가지고 있는 구성원을 가정하고, 서로의 생각을 직설적으로 주장하고 논쟁이나 협상을 통해 서로의 의견을 조정해 가는 방법

① 소프트 어프로치

② 하드 어프로치

③ 퍼실리테이션

④ 3C 분석

⑤ 브레인스토밍

 제시된 내용은 하드 어프로치에 대한 설명이다.
① **소프트 어프로치** : 문제해결을 위해서 직접적인 표현보다는 무언가를 시사하거나 암시를 통하여 의사를 전달하여 문제해결을 도모하고자 한다.
③ **퍼실리테이션**(facilitation) : 촉진을 의미하며 어떤 그룹이나 집단이 의사결정을 잘 하도록 도와주는 일을 의미한다.
④ **3C 분석** : 환경 분석 방법의 하나로 사업 환경을 구성하고 있는 요소인 자사(Company), 경쟁사(Competitor), 고객(Customer)을 분석하는 것이다.
⑤ **브레인스토밍** : 구성원의 자유발언을 통해 최대한 많은 아이디어를 얻는 방법이다.

*Answer* 5.⑤  6.③  7.②

**8** 아이디어를 얻기 위해 의도적으로 시험할 수 있는 7가지 규칙인 SCAMPER 기법에 대한 설명으로 옳지 않은 것은?

① S : 기존의 것을 다른 것으로 대체해 보라.

② C : 제거해 보라.

③ A : 다른 데 적용해 보라.

④ M : 변경, 축소, 확대해 보라.

⑤ R : 거꾸로 또는 재배치해 보라.

 S = Substitute : 기존의 것을 다른 것으로 대체해 보라.
C = Combine : A와 B를 합쳐 보라.
A = Adapt : 다른 데 적용해 보라.
M = Modify, Minify, Magnify : 변경, 축소, 확대해 보라.
P = Put to other uses : 다른 용도로 써 보라.
E = Eliminate : 제거해 보라.
R = Reverse, Rearrange : 거꾸로 또는 재배치해 보라.


**9** 문제해결 절차를 바르게 나열한 것은?

① 문제 도출 → 문제 인식 → 원인 분석 → 실행 및 평가 → 해결안 개발

② 문제 도출 → 원인 분석 → 문제 인식 → 해결안 개발 → 실행 및 평가

③ 원인 분석 → 문제 인식 → 문제 도출 → 해결안 개발 → 실행 및 평가

④ 문제 인식 → 원인 분석 → 문제 도출 → 해결안 개발 → 실행 및 평가

⑤ 문제 인식 → 문제 도출 → 원인 분석 → 해결안 개발 → 실행 및 평가

 문제해결 절차는 문제 인식 → 문제 도출 → 원인 분석 → 해결안 개발 → 실행 및 평가 순이다.

**10** 다음은 3C 분석을 위한 도표이다. 빈칸에 들어갈 질문으로 옳지 않은 것은?

| 구분 | 내용 |
|---|---|
| 고객/시장(Customer) | • 우리의 현재와 미래의 고객은 누구인가?<br>• _____ ㉠ _____<br>• _____ ㉡ _____<br>• 시장의 주 고객들의 속성과 특성은 어떠한가? |
| 경쟁사(Competitor) | • _____ ㉢ _____<br>• 현재의 경쟁사들의 강점과 약점은 무엇인가?<br>• _____ ㉣ _____ |
| 자사(Company) | • 해당 사업이 기업의 목표와 일치하는가?<br>• 기존 사업의 마케팅과 연결되어 시너지효과를 낼 수 있는가?<br>• _____ ㉤ _____ |

① ㉠ : 새로운 경쟁사들이 시장에 진입할 가능성은 없는가?

② ㉡ : 성장 가능성이 있는 사업인가?

③ ㉢ : 고객들은 경쟁사에 대해 어떤 이미지를 가지고 있는가?

④ ㉣ : 경쟁사의 최근 수익률 동향은 어떠한가?

⑤ ㉤ : 인적 · 물적 · 기술적 자원을 보유하고 있는가?

 ① 새로운 경쟁사들이 시장에 진입할 가능성은 경쟁사(Competitor) 분석에 들어가야 할 질문이다.

**11** 문제의 원인을 파고들거나 해결책을 구체화할 때 제한된 시간 안에서 넓이와 깊이를 추구하는 데 도움이 되는 기술로, 주요 과제를 나무 모양으로 분해 · 정리하는 기술은?

① Logic Tree

② Pro Tree

③ Tree Solution

④ Pedigree

⑤ Genogram

 Logic Tree는 주요 과제를 나무 모양으로 분해 · 정리하여 문제의 원인을 파고들거나 해결책을 구체화할 때 제한된 시간 안에서 넓이와 깊이를 추구하는 데 도움이 되는 기술로, 문제 도출 단계에서 활용할 수 있다.

**Answer** ⟳ 8.② 9.⑤ 10.① 11.①

**12** 다음 〈보기〉의 신청인 중 올해 말 이전 휴양콘도 이용 순위가 높은 사람부터 순서대로 올바르게 나열한 것은 어느 것인가?

> 〈보기〉
>
> A씨 : 30대, 월 소득 200만 원, 주말 2박 선정 후 3일 전 취소(무벌점)
> B씨 : 20대, 월 소득 180만 원, 신혼여행 시 이용 예정
> C씨 : 40대, 월 소득 220만 원, 성수기 2박 기 사용
> D씨 : 50대, 월 소득 235만 원, 올 초 선정 후 5일 전 취소, 평일 1박 기 사용

① D씨 – B씨 – A씨 – C씨
② B씨 – D씨 – C씨 – A씨
③ C씨 – D씨 – A씨 – B씨
④ B씨 – D씨 – A씨 – C씨
⑤ B씨 – A씨 – D씨 – C씨

 모두 월 소득이 243만 원 이하이므로 기본점수가 부여되며, 다음과 같이 순위가 선정된다. 우선, 신혼여행을 위해 이용하고자 하는 B씨가 1순위가 된다. 다음으로 주말과 성수기 선정 박수가 적은 신청자가 우선순위가 되므로 주말과 성수기 이용 실적이 없는 D씨가 2순위가 된다. A씨는 기본점수 80점, 3일 전 취소이므로 20점(주말 2박) 차감을 감안하면 60점의 점수를 보유하고 있으며, C씨는 기본점수 90점, 성수기 사용 40점(1박 당 20점) 차감을 감안하면 50점의 점수를 보유하게 된다. 따라서 최종순위는 B씨-D씨-A씨-C씨가 된다.

**13** 에너지 신산업에 대한 다음과 같은 정의를 참고할 때, 다음 중 에너지 신산업 분야의 사업으로 보기에 가장 적절하지 않은 것은 어느 것인가?

> 2015년 12월, 세계 195개국은 프랑스 파리에서 UN 기후변화협약을 체결, 파리기후변화협약에 따른 신기후체제의 출범으로 온실가스 감축은 선택이 아닌 의무가 되었으며, 이에 맞춰 친환경 에너지시스템인 에너지 신산업이 대두되었다. 에너지 신산업은 기후변화 대응, 미래 에너지 개발, 에너지 안보, 수요 관리 등 에너지 분야의 주요 현안을 효과적으로 해결하기 위한 '문제 해결형 산업'이다. 에너지 신산업 정책으로는 전력 수요관리, 에너지관리 통합서비스, 독립형 마이크로그리드, 태양광 렌탈, 전기차 서비스 및 유료충전, 화력발전 온배수열 활용, 친환경에너지타운, 스마트그리드 확산사업 등이 있다.

① 에너지 프로슈머 시장의 적극 확대를 위한 기반 산업 보강

② 전기차 확대보급을 실시하기 위하여 전기차 충전소 미비 지역에 충전소 보급 사업

③ 신개념 건축물에 대한 관심도 제고를 위한 고효율 제로에너지 빌딩 확대 사업

④ 폐열과 폐냉기의 재활용을 통한 에너지 사용량 감축과 친환경 에너지 창출 유도 산업

⑤ 분산형 전원으로 에너지 자립 도시 건립을 위한 디젤 발전기 추가 보급 사업

 디젤 발전은 내연력을 통한 발전이므로 친환경과 지속가능한 에너지 정책을 위한 발전 형태로 볼 수 없다. 오히려 디젤 발전을 줄여 신재생에너지원을 활용한 전력 생산 및 공급 방식이 에너지 신산업 정책에 부합한다고 볼 수 있다.

┃14~15┃ 다음은 ○○협회에서 주관한 학술세미나 일정에 관한 것으로 다음 세미나를 준비하는 데 필요한 일, 각각의 일에 걸리는 시간, 일의 순서 관계를 나타낸 표이다. 제시된 표를 바탕으로 물음에 답하시오. (단, 모든 작업은 동시에 진행할 수 없다)

▣ 세미나 준비 현황

| 구분 | 작업 | 작업시간(일) | 먼저 행해져야 할 작업 |
|------|------|------------|----------------------|
| 가 | 세미나 장소 세팅 | 1 | 바 |
| 나 | 현수막 제작 | 2 | 다, 마 |
| 다 | 세미나 발표자 선정 | 1 | 라 |
| 라 | 세미나 기본계획 수립 | 2 | 없음 |
| 마 | 세미나 장소 선정 | 3 | 라 |
| 바 | 초청자 확인 | 2 | 라 |

**14** 현수막 제작을 시작하기 위해서는 최소 며칠이 필요하겠는가?

① 3일  ② 4일
③ 5일  ④ 6일
⑤ 7일

 현수막을 제작하기 위해서는 라, 다, 마가 선행되어야 한다. 따라서 세미나 기본계획 수립 (2일) + 세미나 발표자 선정(1일) + 세미나 장소 선정(3일) = 최소한 6일이 소요된다.

**15** 세미나 기본계획 수립에서 세미나 장소 세팅까지 모든 작업을 마치는 데 필요한 시간은?

① 10일  ② 11일
③ 12일  ④ 13일
⑤ 14일

 각 작업에 걸리는 시간을 모두 더하면 총 11일이다.

**16** G 음료회사는 신제품 출시를 위해 시제품 3개를 만들어 전직원을 대상으로 블라인드 테스트를 진행한 후 기획팀에서 회의를 하기로 했다. 독창성, 대중성, 개인선호도 세 가지 영역에 총 15점 만점으로 진행된 테스트 결과가 다음과 같을 때, 기획팀 직원들의 발언으로 옳지 않은 것은?

|  | 독창성 | 대중성 | 개인선호도 | 총점 |
|---|---|---|---|---|
| 시제품 A | 5 | 2 | 3 | 10 |
| 시제품 B | 4 | 4 | 4 | 12 |
| 시제품 C | 2 | 5 | 5 | 12 |

① 우리 회사의 핵심가치 중 하나가 창의성 아닙니까? 저는 독창성 점수가 높은 A를 출시해야 한다고 생각합니다.

② 독창성이 높아질수록 총점이 낮아지는 것을 보지 못하십니까? 저는 그 의견에 반대합니다.

③ 무엇보다 현 시점에서 회사의 재정상황을 타계하기 위해서는 대중성을 고려하여 높은 이윤이 날 것으로 보이는 C를 출시해야 하지 않겠습니까?

④ 그럼 독창성과 대중성, 개인선호도를 모두 고려하여 B를 출시하는 것이 어떻겠습니까?

⑤ 요즘 같은 개성시대에는 개인선호도가 높은 C가 적격이라고 생각합니다.

 ② 시제품 B는 C에 비해 독창성 점수가 2점 높지만 총점은 같다. 따라서 옳지 않은 발언이다.

**17** 다음으로부터 바르게 추론한 것으로 옳은 것을 보기에서 고르면?

- 5개의 갑, 을, 병, 정, 무 팀이 있다.
- 현재 '갑'팀은 0개, '을'팀은 1개, '병'팀은 2개, '정'팀은 2개, '무'팀은 3개의 프로젝트를 수행하고 있다.
- 8개의 새로운 프로젝트 a, b, c, d, e, f, g, h를 5개의 팀에게 분배하려고 한다.
- 5개의 팀은 새로운 프로젝트 1개 이상을 맡아야 한다.
- 기존에 수행하던 프로젝트를 포함하여 한 팀이 맡을 수 있는 프로젝트 수는 최대 4개이다.
- 기존의 프로젝트를 포함하여 4개의 프로젝트를 맡은 팀은 2팀이다.
- 프로젝트 a, b는 한 팀이 맡아야 한다.
- 프로젝트 c, d, e는 한 팀이 맡아야 한다.

〈보기〉
ⓐ a를 '을'팀이 맡을 수 없다.
ⓑ f를 '갑'팀이 맡을 수 있다.
ⓒ 기존에 수행하던 프로젝트를 포함해서 2개의 프로젝트를 맡는 팀이 있다.

① ㉠

② ㉡

③ ㉢

④ ㉠㉢

⑤ ㉡㉢

 ㉠ a를 '을'팀이 맡는 경우 : 4개의 프로젝트를 맡은 팀이 2팀이라는 조건에 어긋난다. 따라서 a를 '을'팀이 맡을 수 없다.

| 갑 | c, d, e | 0→3개 |
|---|---|---|
| 을 | a, b | 1→3개 |
| 병 | | 2→3개 |
| 정 | | 2→3개 |
| 무 | | 3→4개 |

㉡ f를 '갑'팀이 맡는 경우 : a, b를 '병'팀 혹은 '정'팀이 맡게 되는데 4개의 프로젝트를 맡은 팀이 2팀이라는 조건에 어긋난다. 따라서 f를 '갑'팀이 맡을 수 없다.

| 갑 | f | 0→1개 |
|---|---|---|
| 을 | c, d, e | 1→4개 |
| 병 | a, b | 2→4개 |
| 정 | | 2→3개 |
| 무 | | 3→4개 |

© a, b를 '갑'팀이 맡는 경우 기존에 수행하던 프로젝트를 포함해서 2개의 프로젝트를 맡게 된다.

| 갑 | a, b | 0 → 2개 |
|---|---|---|
| 을 | c, d, e | 1 → 4개 |
| 병 | | 2 → 3개 |
| 정 | | 2 → 3개 |
| 무 | | 3 → 4개 |

**18** 사과 사탕, 포도 사탕, 딸기 사탕이 각각 2개씩 있다. 甲~戊 다섯 명의 사람 중 한 명이 사과 사탕 1개와 딸기 사탕 1개를 함께 먹고, 다른 네 명이 남은 사탕을 각각 1개씩 먹었다. 모두 진실을 말하였다고 할 때, 사과 사탕 1개와 딸기 사탕 1개를 함께 먹은 사람과 戊 가 먹은 사탕을 옳게 짝지은 것은?

> 甲 : 나는 포도 사탕을 먹지 않았어.
> 乙 : 나는 사과 사탕만을 먹었어.
> 丙 : 나는 사과 사탕을 먹지 않았어.
> 丁 : 나는 사탕을 한 종류만 먹었어.
> 戊 : 너희 말을 다 듣고 아무리 생각해봐도 나는 딸기 사탕을 먹은 사람 두 명 다 알 수는 없어.

① 甲, 포도 사탕 1개
② 甲, 딸기 사탕 1개
③ 丙, 포도 사탕 1개
④ 丙, 딸기 사탕 1개
⑤ 戊, 사과 사탕 1개와 딸기 사탕 1개

 甲~戊가 먹은 사탕을 정리하면 다음과 같다.

| 구분 | 甲 | 乙 | 丙 | 丁 | 戊 |
|---|---|---|---|---|---|
| 맛 | 사과 + 딸기 | 사과 | 포도 or 딸기 | 포도 or 딸기 | 포도 |
| 개수 | 2개 | 1개 | 1개 | 1개 | 1개 |

**Answer** ↦ 17.④ 18.①

**| 19～20 |** 다음 5개의 팀에 인터넷을 연결하기 위해 작업을 하려고 한다. 5개의 팀 사이에 인터넷을 연결하기 위한 시간이 다음과 같을 때 제시된 표를 바탕으로 물음에 답하시오(단, 가팀과 나팀이 연결되고 나팀과 다팀이 연결되면 가팀과 다팀이 연결된 것으로 간주한다).

| 구분 | 가 | 나 | 다 | 라 | 마 |
|------|----|----|----|----|----|
| 가 | – | 3 | 6 | 1 | 2 |
| 나 | 3 | – | 1 | 2 | 1 |
| 다 | 6 | 1 | – | 3 | 2 |
| 라 | 1 | 2 | 3 | – | 1 |
| 마 | 2 | 1 | 2 | 1 | – |

**19** 가팀과 다팀을 인터넷 연결하기 위해 필요한 최소의 시간은?

① 7시간　　　　　　　　　　② 6시간
③ 5시간　　　　　　　　　　④ 4시간
⑤ 3시간

 가팀, 다팀을 연결하는 방법은 2가지가 있는데.
　㉠ 가팀과 나팀, 나팀과 다팀 연결 : 3 + 1 = 4시간
　㉡ 가팀과 다팀 연결 : 6시간
　즉, 1안이 더 적게 걸리므로 4시간이 답이 된다.

**20** 다팀과 마팀을 인터넷 연결하기 위해 필요한 최소의 시간은?

① 1시간　　　　　　　　　　② 2시간
③ 3시간　　　　　　　　　　④ 4시간
⑤ 5시간

 다팀, 마팀을 연결하는 방법은 2가지가 있는데.
　㉠ 다팀과 라팀, 라팀과 마팀 연결 : 3 + 1 = 4시간
　㉡ 다팀과 마팀 연결 : 2시간
　즉, 2안이 더 적게 걸리므로 2시간이 답이 된다.

**21** '가, 나, 다, 라, 마'가 일렬로 서 있다. 아래와 같은 조건을 만족할 때, '가'가 맨 왼쪽에 서 있을 경우, '나'는 몇 번째에 서 있는가?

> • '가'는 '다' 바로 옆에 서있다.
> • '나'는 '라'와 '마' 사이에 서있다.

① 첫 번째                      ② 두 번째

③ 세 번째                      ④ 네 번째

⑤ 다섯 번째

> **Tip** 문제 지문과 조건으로 보아 가, 다의 자리는 정해져 있다.
>
> | 가 | 다 |  |  |  |
> |---|---|---|---|---|
>
> 나는 라와 마 사이에 있으므로 다음과 같이 두 가지 경우가 있을 수 있다.
>
> | 라 | 나 | 마 |
> |---|---|---|
>
> | 마 | 나 | 라 |
> |---|---|---|
>
> 따라서 가가 맨 왼쪽에 서 있을 때, 나는 네 번째에 서 있게 된다.

**22** 다음 글과 표를 근거로 판단할 때 세 사람 사이의 관계가 모호한 경우는?

- 조직 내에서 두 사람 사이의 관계는 '동갑'과 '위아래' 두 가지 경우로 나뉜다.
  - 두 사람이 태어난 연도가 같은 경우 입사년도에 상관없이 '동갑' 관계가 된다.
  - 두 사람이 태어난 연도가 다른 경우 '위아래' 관계가 된다. 이때 생년이 더 빠른 사람이 '윗사람', 더 늦은 사람이 '아랫사람'이 된다.
  - 두 사람이 태어난 연도가 다르더라도 입사년도가 같고 생년월일의 차이가 1년 미만이라면 '동갑' 관계가 된다.
- 두 사람 사이의 관계를 바탕으로 임의의 세 사람(A~C) 사이의 관계는 '명확'과 '모호' 두 가지 경우로 나뉜다.
  - A와 B, A와 C가 '동갑' 관계이고 B와 C 또한 '동갑' 관계인 경우 세 사람 사이의 관계는 '명확'하다.
  - A와 B가 '동갑' 관계이고 A가 C의 '윗사람', B가 C의 '윗사람'인 경우 세 사람 사이의 관계는 '명확'하다.
  - A와 B, A와 C가 '동갑' 관계이고 B와 C가 '위아래' 관계인 경우 세 사람 사이의 관계는 '모호'하다.

| 이름 | 생년월일 | 입사년도 |
|------|----------|----------|
| 甲 | 1992. 4. 11. | 2017 |
| 乙 | 1991. 10. 3. | 2017 |
| 丙 | 1991. 3. 1. | 2017 |
| 丁 | 1992. 2. 14. | 2017 |
| 戊 | 1993. 1 7. | 2018 |

① 甲, 乙, 丙                    ② 甲, 乙, 丁

③ 甲, 丁, 戊                    ④ 乙, 丁, 戊

⑤ 丙, 丁, 戊

 ① 乙과 甲, 乙과 丙이 '동갑' 관계이고 甲과 丙이 '위아래' 관계이므로 甲, 乙, 丙의 관계는 '모호'하다.

**23** 공연기획사인 A사는 이번에 주최한 공연을 보러 오는 관객을 기차역에서 공연장까지 버스로 수송하기로 하였다. 다음의 표와 같이 공연 시작 4시간 전부터 1시간 단위로 전체 관객 대비 기차역에 도착하는 관객의 비율을 예측하여 버스를 운행하고자 하며, 공연 시작 시간까지 관객을 모두 수송해야 한다. 다음을 바탕으로 예상한 수송 시나리오 중 옳은 것을 모두 고르면?

■ 전체 관객 대비 기차역에 도착하는 관객의 비율

| 시각 | 전체 관객 대비 비율(%) |
|------|------------------------|
| 공연 시작 4시간 전 | a |
| 공연 시작 3시간 전 | b |
| 공연 시작 2시간 전 | c |
| 공연 시작 1시간 전 | d |
| 계 | 100 |

• 전체 관객 수는 40,000명이다.
• 버스는 한 번에 대당 최대 40명의 관객을 수송한다.
• 버스가 기차역과 공연장 사이를 왕복하는 데 걸리는 시간은 6분이다.

■ 예상 수송 시나리오

㉠ a = b = c = d = 25라면, 회사가 전체 관객을 기차역에서 공연장으로 수송하는 데 필요한 버스는 최소 20대이다.

㉡ a = 10, b = 20, c = 30, d = 40이라면, 회사가 전체 관객을 기차역에서 공연장으로 수송하는 데 필요한 버스는 최소 40대이다.

㉢ 만일 공연이 끝난 후 2시간 이내에 전체 관객을 공연장에서 기차역까지 버스로 수송해야 한다면, 이때 회사에게 필요한 버스는 최소 50대이다.

① ㉠
② ㉡
③ ㉠, ㉡
④ ㉠, ㉢
⑤ ㉡, ㉢

 Tip

㉠ a = b = c = d = 25라면, 1시간당 수송해야 하는 관객의 수는 40,000 × 0.25 = 10,000명이다. 버스는 한 번에 대당 최대 40명의 관객을 수송하고 1시간에 10번 수송 가능하므로, 1시간 동안 1대의 버스가 수송할 수 있는 관객의 수는 400명이다. 따라서 10,000명의 관객을 수송하기 위해서는 최소 25대의 버스가 필요하다.

㉡ d = 40이라면, 공연 시작 1시간 전에 기차역에 도착하는 관객의 수는 16,000명이다. 16,000명을 1시간 동안 모두 수송하기 위해서는 최소 40대의 버스가 필요하다.

㉢ 공연이 끝난 후 2시간 이내에 전체 관객을 공연장에서 기차역까지 수송하려면 시간당 20,000명의 관객을 수송해야 한다. 따라서 회사에게 필요한 버스는 최소 50대이다.

*Answer* ➔ 22.① 23.⑤

**▌24~25 ▌** 인사팀에 근무하는 S는 2017년도에 새롭게 변경된 사내 복지 제도에 따라 경조사 지원 내역을 정리하는 업무를 담당하고 있다. 다음을 바탕으로 물음에 답하시오.

❏ 2017년도 변경된 사내 복지 제도

| 종류 | 주요 내용 | |
|---|---|---|
| 주택 지원 | • 사택 지원(가~사 총 7동 175가구) 최소 1년 최장 3년<br>• 지원 대상<br>– 입사 3년 차 이하 1인 가구 사원 중 무주택자(가~다동 지원)<br>– 입사 4년 차 이상 본인 포함 가구원이 3인 이상인 사원 중 무주택자(라~사동 지원) | |
| 경조사 지원 | • 본인/가족 결혼, 회갑 등 각종 경조사 시<br>• 경조금, 화환 및 경조휴가 제공 | |
| 학자금 지원 | • 대학생 자녀의 학자금 지원 | |
| 기타 | • 상병 휴가, 휴직, 4대 보험 지원 | |

❏ 2017년도 1/4분기 지원 내역

| 이름 | 부서 | 직위 | 내역 | 변경 전 | 변경 후 | 금액(천 원) |
|---|---|---|---|---|---|---|
| A | 인사팀 | 부장 | 자녀 대학진학 | 지원 불가 | 지원 가능 | 2,000 |
| B | 총무팀 | 차장 | 장인상 | 변경 내역 없음 | | 100 |
| C | 연구1팀 | 차장 | 병가 | 실비 지급 | 추가 금액 지원 | 50<br>(실비 제외) |
| D | 홍보팀 | 사원 | 사택 제공(가-102) | 변경 내역 없음 | | – |
| E | 연구2팀 | 대리 | 결혼 | 변경 내역 없음 | | 100 |
| F | 영업1팀 | 차장 | 모친상 | 변경 내역 없음 | | 100 |
| G | 인사팀 | 사원 | 사택 제공(바-305) | 변경 내역 없음 | | – |
| H | 보안팀 | 대리 | 부친 회갑 | 변경 내역 없음 | | 100 |
| I | 기획팀 | 차장 | 결혼 | 변경 내역 없음 | | 100 |
| J | 영업2팀 | 과장 | 생일 | 상품권 | 기프트 카드 | 50 |
| K | 전략팀 | 사원 | 생일 | 상품권 | 기프트 카드 | 50 |

**24** 당신은 S가 정리해 온 2017년도 1/4분기 지원 내역을 확인하였다. 다음 중 잘못 구분된 사원은?

| 지원 구분 | 이름 |
|---|---|
| 주택 지원 | D, G |
| 경조사 지원 | B, E, H, I, J, K |
| 학자금 지원 | A |
| 기타 | F, C |

① B  ② D
③ F  ④ H
⑤ K

 지원 구분에 따르면 모친상과 같은 경조사는 경조사 지원에 포함되어야 한다. 따라서 F의 구분이 잘못되었다.

**25** S는 2017년도 1/4분기 지원 내역 중 변경 사례를 참고하여 새로운 사내 복지 제도를 정리해 추가로 공시하려 한다. 다음 중 S가 정리한 내용으로 옳지 않은 것은?

① 복지 제도 변경 전후 모두 생일에 현금을 지급하지 않습니다.
② 복지 제도 변경 후 대학생 자녀에 대한 학자금을 지원해드립니다.
③ 변경 전과 달리 미혼 사원의 경우 입주 가능한 사택동 제한이 없어집니다.
④ 변경 전과 같이 경조사 지원금은 직위와 관계없이 동일한 금액으로 지원됩니다.
⑤ 변경 전과 달리 병가 시 실비 외에 5만 원을 추가로 지원합니다.

 ③ 2017년 변경된 사내 복지 제도에 따르면 1인 가구 사원에게는 가~사 총 7동 중 가~다 동이 지원된다.

**26** 다음은 □□전자의 스마트폰 사용에 관한 조사 설계의 일부분이다. 본 설문조사의 목적으로 가장 적합하지 않은 것은?

---

1. 조사 목적

 

2. 과업 범위
① 조사 대상 : 서울과 수도권에 거주하고 있으며 최근 5년 이내에 스마트폰 변경 이력이 있고, 향후 1년 이내에 스마트폰 변경 의향이 있는 만 20~30세의 성인 남녀
② 조사 방법 : 구조화된 질문지를 이용한 온라인 조사
③ 표본 규모 : 총 1,000명

3. 조사 내용
① 시장 환경 파악 : 스마트폰 시장 동향 (사용기기 브랜드 및 가격, 기기사용 기간 등)
② 과거 스마트폰 변경 현황 파악 : 변경 횟수, 변경 사유 등
③ 향후 스마트폰 변경 잠재 수요 파악 : 변경 사유, 선호 브랜드, 변경 예산 등
④ 스마트폰 구매자를 위한 개선 사항 파악 : 스마트폰 구매자를 위한 요금할인, 사은품 제공 등 개선 사항 적용 시 스마트폰 변경 의향
⑤ 배경정보 파악 : 인구사회학적 특성 (연령, 성별, 거주 지역 등)

4. 결론 및 기대효과

---

① 스마트폰 구매자를 위한 요금할인 프로모션 시행의 근거 마련
② 평균 스마트폰 기기사용 기간 및 주요 변경 사유 파악
③ 광고 매체 선정에 참고할 자료 구축
④ 스마트폰 구매 시 사은품 제공 유무가 구입 결정에 미치는 영향 파악
⑤ 향후 출시할 스마트폰 가격 책정에 활용할 자료 구축

**(Tip)** 제시된 설문조사에는 광고 매체 선정에 참고할 만한 조사 내용이 포함되어 있지 않다. 따라서 ③은 이 설문조사의 목적으로 적합하지 않다.

**27** 다음은 폐기물관리법의 일부이다. 제시된 내용을 참고할 때 옳은 것은?

> 제00조 이 법에서 말하는 폐기물이란 쓰레기, 연소재, 폐유, 폐알칼리 및 동물의 사체 등으로 사람의 생활이나 사업활동에 필요하지 않게 된 물질을 말한다.
>
> 제00조
> ① 도지사는 관할 구역의 폐기물을 적정하게 처리하기 위하여 환경부장관이 정하는 지침에 따라 10년마다 '폐기물 처리에 관한 기본계획'(이하 '기본계획'이라 한다)을 세워 환경부장관의 승인을 받아야 한다. 승인사항을 변경하려 할 때에도 또한 같다. 이 경우 환경부장관은 기본계획을 승인하거나 변경승인하려면 관계 중앙행정기관의 장과 협의하여야 한다.
> ② 시장·군수·구청장은 10년마다 관할 구역의 기본계획을 세워 도지사에게 제출하여야 한다.
> ③ 제1항과 제2항에 따른 기본계획에는 다음 각 호의 사항이 포함되어야 한다.
>   1. 관할 구역의 지리적 환경 등에 관한 개황
>   2. 폐기물의 종류별 발생량과 장래의 발생 예상량
>   3. 폐기물의 처리 현황과 향후 처리 계획
>   4. 폐기물의 감량화와 재활용 등 자원화에 관한 사항
>   5. 폐기물처리시설의 설치 현황과 향후 설치 계획
>   6. 폐기물 처리의 개선에 관한 사항
>   7. 재원의 확보계획
>
> 제00조
> ① 환경부장관은 국가 폐기물을 적정하게 관리하기 위하여 전조 제1항에 따른 기본계획을 기초로 '국가 폐기물관리 종합계획'(이하 '종합계획'이라 한다)을 10년마다 세워야 한다.
> ② 환경부장관은 종합계획을 세운 날부터 5년이 지나면 그 타당성을 재검토하여 변경할 수 있다.

① 재원의 확보계획은 기본계획에 포함되지 않아도 된다.
② A도 도지사가 제출한 기본계획을 승인하려면, 환경부장관은 관계 중앙행정기관의 장과 협의를 거쳐야 한다.
③ 환경부장관은 국가 폐기물을 적정하게 관리하기 위하여 10년마다 기본계획을 수립하여야 한다.
④ B군 군수는 5년마다 종합계획을 세워 환경부장관에게 제출하여야 한다.
⑤ 기본계획 수립 이후 5년이 경과하였다면, 환경부장관은 계획의 타당성을 재검토하여 계획을 변경하여야 한다.

*Answer* 26.③  27.②

① 재원의 확보계획은 기본계획에 포함되어야 한다.
③ 환경부장관은 국가 폐기물을 적정하게 관리하기 위하여 10년마다 종합계획을 수립하여야 한다.
④ 시장·군수·구청장은 10년마다 관할 구역의 기본계획을 세워 도지사에게 제출하여야 한다.
⑤ 환경부장관은 종합계획을 세운 날부터 5년이 지나면 그 타당성을 재검토하여 변경할 수 있다.

**28** ○○기관의 김 대리는 甲, 乙, 丙, 丁, 戊 인턴 5명의 자리를 배치하고자 한다. 다음의 조건에 따를 때 옳지 않은 것은?

---

- 최상의 업무 효과를 내기 위해서는 성격이 서로 잘 맞는 사람은 바로 옆자리에 앉혀야 하고, 서로 잘 맞지 않는 사람은 바로 옆자리에 앉혀서는 안 된다.
- 丙과 乙의 성격은 서로 잘 맞지 않는다.
- 甲과 乙의 성격은 서로 잘 맞는다.
- 甲과 丙의 성격은 서로 잘 맞는다.
- 戊와 丙의 성격은 서로 잘 맞지 않는다.
- 丁의 성격과 서로 잘 맞지 않는 사람은 없다.
- 丁은 햇빛 알레르기가 있어 창문 옆(1번) 자리에는 앉을 수 없다.

■ 자리 배치도

| 창문 | 1 | 2 | 3 | 4 | 5 |
|---|---|---|---|---|---|
| | | | | | |

---

① 甲은 3번 자리에 앉을 수 있다.　② 乙은 5번 자리에 앉을 수 있다.
③ 丙은 2번 자리에 앉을 수 있다.　④ 丁은 3번 자리에 앉을 수 없다.
⑤ 戊는 2번 자리에 앉을 수 없다.

③ 丙이 2번 자리에 앉을 경우, 丁은 햇빛 알레르기가 있어 1번 자리에 앉을 수 없으므로 3, 4, 5번 중 한 자리에 앉아야 하며, 丙과 성격이 서로 잘 맞지 않는 戊는 4, 5번 중 한 자리에 앉아야 한다. 이 경우 성격이 서로 잘 맞은 甲과 乙이 떨어지게 되므로 최상의 업무 효과를 낼 수 있는 배치가 되기 위해서는 丙은 2번 자리에 앉을 수 없다.
① 창문 – 戊 – 乙 – 甲 – 丙 – 丁 순으로 배치할 경우 甲은 3번 자리에 앉을 수 있다.
② 창문 – 戊 – 丁 – 丙 – 甲 – 乙 순으로 배치할 경우 乙은 5번 자리에 앉을 수 있다.
④ 丁이 3번 자리에 앉을 경우, 甲과 성격이 서로 잘 맞는 乙, 丙 중 한 명은 甲과 떨어지게 되므로 최상의 업무 효과를 낼 수 있는 배치가 되기 위해서는 丁은 3번 자리에 앉을 수 없다.
⑤ 戊가 2번 자리에 앉을 경우, 丁은 햇빛 알레르기가 있어 1번 자리에 앉을 수 없으므로 3, 4, 5번 중 한 자리에 앉아야 하는데, 그러면 甲과 성격이 서로 잘 맞는 乙, 丙 중 한 명은 甲과 떨어지게 되므로 최상의 업무 효과를 낼 수 있는 배치가 되기 위해서는 戊는 2번 자리에 앉을 수 없다.

**29** 100명의 근로자를 고용하고 있는 ○○기관 인사팀에 근무하는 S는 고용노동법에 따라 기간제 근로자를 채용하였다. 제시된 법령의 내용을 참고할 때, 기간제 근로자로 볼 수 없는 경우는?

---

제10조

① 이 법은 상시 5인 이상의 근로자를 사용하는 모든 사업 또는 사업장에 적용한다. 다만 동거의 친족만을 사용하는 사업 또는 사업장과 가사사용인에 대하여는 적용하지 아니한다.

② 국가 및 지방자치단체의 기관에 대하여는 상시 사용하는 근로자의 수에 관계없이 이 법을 적용한다.

제11조

① 사용자는 2년을 초과하지 아니하는 범위 안에서(기간제 근로계약의 반복갱신 등의 경우에는 계속 근로한 총 기간이 2년을 초과하지 아니하는 범위 안에서) 기간제 근로자*를 사용할 수 있다. 다만 다음 각 호의 어느 하나에 해당하는 경우에는 2년을 초과하여 기간제 근로자로 사용할 수 있다.

1. 사업의 완료 또는 특정한 업무의 완성에 필요한 기간을 정한 경우
2. 휴직·파견 등으로 결원이 발생하여 당해 근로자가 복귀할 때까지 그 업무를 대신할 필요가 있는 경우
3. 전문적 지식·기술의 활용이 필요한 경우와 박사 학위를 소지하고 해당 분야에 종사하는 경우

② 사용자가 제1항 단서의 사유가 없거나 소멸되었음에도 불구하고 2년을 초과하여 기간제 근로자로 사용하는 경우에는 그 기간제 근로자는 기간의 정함이 없는 근로계약을 체결한 근로자로 본다.

* 기간제 근로자라 함은 기간의 정함이 있는 근로계약을 체결한 근로자를 말한다.

---

① 수습기간 3개월을 포함하여 1년 6개월간 A를 고용하기로 근로계약을 체결한 경우

② 근로자 E의 휴직으로 결원이 발생하여 2년간 B를 계약직으로 고용하였는데, E의 복직 후에도 B가 계속해서 현재 3년 이상 근무하고 있는 경우

③ 사업 관련 분야 박사학위를 취득한 C를 계약직(기간제) 연구원으로 고용하여 C가 현재 3년간 근무하고 있는 경우

④ 국가로부터 도급받은 3년간의 건설공사를 완성하기 위해 D를 그 기간 동안 고용하기로 근로계약을 체결한 경우

⑤ 근로자 F가 해외 파견으로 결원이 발생하여 돌아오기 전까지 3년간 G를 고용하기로 근로계약을 체결한 경우

*Answer* 28.③ 29.②

제11조 제2항에 따르면 사용자가 제1항 단서의 사유가 없거나 소멸되었음에도 불구하고 2년을 초과하여 기간제 근로자로 사용하는 경우에는 그 기간제 근로자는 기간의 정함이 없는 근로계약을 체결한 근로자로 본다. 따라서 ②의 경우 기간제 근로자로 볼 수 없다.
① 2년을 초과하지 않는 범위이므로 기간제 근로자로 볼 수 있다.
③ 제11조 제1항 제3호에 따른 기간제 근로자로 볼 수 있다.
④ 제11조 제1항 제1호에 따른 기간제 근로자로 볼 수 있다.
⑤ 제11조 제1항 제2호에 따른 기간제 근로자로 볼 수 있다.

**30** 다음의 규정과 공공기관 현황에 근거할 때, 시장형 공기업에 해당하는 공공기관은?

- ■ 공공기관의 구분
① 기획재정부장관은 공공기관을 공기업·준정부기관과 기타공공기관으로 구분하여 지정한다. 직원 정원이 50인 이상인 공공기관은 공기업 또는 준정부기관으로, 그 외에는 기타공공기관으로 지정한다.
② 기획재정부장관은 제1항의 규정에 따라 공기업과 준정부기관을 지정하는 경우 자체수입액이 총수입액의 2분의 1 이상인 기관은 공기업으로, 그 외에는 준정부기관으로 지정한다.
③ 기획재정부장관은 제1항 및 제2항의 규정에 따른 공기업을 다음 각 호의 구분에 따라 세분하여 지정한다.
  1. 시장형 공기업 : 자산규모가 2조 원 이상이고, 총 수입액 중 자체수입액이 100분의 85 이상인 공기업
  2. 준시장형 공기업 : 시장형 공기업이 아닌 공기업
- ■ 공공기관 현황

| 공공기관 | 직원 정원 | 자산규모 | 자체수입비율 |
|---|---|---|---|
| A | 80명 | 3조 원 | 85% |
| B | 40명 | 1.5조 원 | 60% |
| C | 60명 | 1조 원 | 45% |
| D | 55명 | 2.5조 원 | 40% |
| E | 50명 | 9천억 원 | 50% |

① A                                    ② B
③ C                                    ④ D
⑤ E

① A는 직원 정원이 50명 이상이고 자체수입액이 총수입액의 2분의 1 이상이며, 자산규모가 2조 원 이상이고 총 수입액 중 자체수입액이 100분의 85 이상이므로 시장형 공기업에 해당한다.

② B는 직원 정원이 50명 미만이므로 기타공공기관에 해당한다.

③④ C, D는 자체수입액이 총수입액의 2분의 1 미만이므로 준정부기관에 해당한다.

⑤ E는 자산규모가 2조 원 미만이므로 준시장형 공기업에 해당한다.

Answer☞ 30.①

# 03 자원관리능력

## 1 자원과 자원관리

### (1) 자원

① 자원의 종류 ··· 시간, 돈, 물적자원, 인적자원

② 자원의 낭비요인 ··· 비계획적 행동, 편리성 추구, 자원에 대한 인식 부재, 노하우 부족

### (2) 자원관리 기본 과정

① 필요한 자원의 종류와 양 확인

② 이용 가능한 자원 수집하기

③ 자원 활용 계획 세우기

④ 계획대로 수행하기

---

**예제 1**

당신은 A출판사 교육훈련 담당자이다. 조직의 효율성을 높이기 위해 전사적인 시간관리에 대한 교육을 실시하기로 하였지만 바쁜 일정 상 직원들을 집합교육에 동원할 수 있는 시간은 제한적이다. 다음 중 귀하가 최우선의 교육 대상으로 삼아야 하는 것은 어느 부분인가?

| 구분 | 긴급한 일 | 긴급하지 않은 일 |
|------|-----------|------------------|
| 중요한 일 | 제1사분면 | 제2사분면 |
| 중요하지 않은 일 | 제3사분면 | 제4사분면 |

[출제의도]
주어진 일들을 중요도와 긴급도에 따른 시간관리 매트릭스에서 우선 순위를 구분할 수 있는가를 측정하는 문항이다.
[해설]
교육훈련에서 최우선 교육대상으로 삼아야 하는 것은 긴급하지 않지만 중요한 일이다. 이를 긴급하지 않다고 해서 뒤로 미루다보면 급박하게 처리해야하는 업무가 증가하여 효율적인 시간관리가 어려워진다.

① 중요하고 긴급한 일로 위기사항이나 급박한 문제, 기간이 정해진 프로젝트 등이 해당되는 제1사분면
② 긴급하지는 않지만 중요한 일로 인간관계구축이나 새로운 기회의 발굴, 중장기 계획 등이 포함되는 제2사분면
③ 긴급하지만 중요하지 않은 일로 잠깐의 급한 질문, 일부 보고서, 눈 앞의 급박한 사항이 해당되는 제3사분면
④ 중요하지 않고 긴급하지 않은 일로 하찮은 일이나 시간낭비거리, 즐거운 활동 등이 포함되는 제4사분면

| 구분 | 긴급한 일 | 긴급하지 않은 일 |
|---|---|---|
| 중요한 일 | 위기사항, 급박한 문제, 기간이 정해진 프로젝트 | 인간관계구축, 새로운 기회의 발굴, 중장기계획 |
| 중요하지 않은 일 | 잠깐의 급한 질문, 일부 보고서, 눈앞의 급박한 사항 | 하찮은 일, 우편물, 전화, 시간낭비거리, 즐거운 활동 |

**답** ②

## 2 자원관리능력을 구성하는 하위능력

### (1) 시간관리능력

① 시간의 특성
   ㉠ 시간은 매일 주어지는 기적이다.
   ㉡ 시간은 똑같은 속도로 흐른다.
   ㉢ 시간의 흐름은 멈추게 할 수 없다.
   ㉣ 시간은 꾸거나 저축할 수 없다.
   ㉤ 시간은 사용하기에 따라 가치가 달라진다.

② 시간관리의 효과
   ㉠ 생산성 향상
   ㉡ 가격 인상
   ㉢ 위험 감소
   ㉣ 시장 점유율 증가

③ 시간계획

　⊙ 개념 : 시간 자원을 최대한 활용하기 위하여 가장 많이 반복되는 일에 가장 많은 시간을 분배하고, 최단시간에 최선의 목표를 달성하는 것을 의미한다.

　ⓛ 60 : 40의 Rule

| 계획된 행동 (60%) | 계획 외의 행동 (20%) | 자발적 행동 (20%) |
|---|---|---|
| 총 시간 | | |

### 예제 2

유아용품 홍보팀의 사원 은이씨는 일산 킨텍스에서 열리는 유아용품박람회에 참여하고자 한다. 당일 회의 후 출발해야 하며 회의 종료 시간은 오후 3시이다.

| 장소 | 일시 |
|---|---|
| 일산 킨텍스 제2전시장 | 2016. 1. 20(금) PM 15:00~19:00<br>* 입장가능시간은 종료 2시간 전까지 |

오시는 길
지하철 : 4호선 대화역(도보 30분 거리)
버스 : 8109번, 8407번(도보 5분 거리)

• 회사에서 버스정류장 및 지하철역까지 소요시간

| 출발지 | 도착지 | 소요시간 | |
|---|---|---|---|
| 회사 | ×× 정류장 | 도보 | 15분 |
| | | 택시 | 5분 |
| | 지하철역 | 도보 | 30분 |
| | | 택시 | 10분 |

• 일산 킨텍스 가는 길

| 교통편 | 출발지 | 도착지 | 소요시간 |
|---|---|---|---|
| 지하철 | 강남역 | 대화역 | 1시간 25분 |
| 버스 | ×× 정류장 | 일산 킨텍스 정류장 | 1시간 45분 |

위의 제시 상황을 보고 은이씨가 선택할 교통편으로 가장 적절한 것은?

① 도보 – 지하철　　　　② 도보 – 버스
③ 택시 – 지하철　　　　④ 택시 – 버스

[출제의도]
주어진 여러 시간정보를 수집하여 실제 업무 상황에서 시간자원을 어떻게 활용할 것인지 계획하고 할당하는 능력을 측정하는 문항이다.
[해설]
④ 택시로 버스정류장까지 이동해서 버스를 타고 가게 되면 택시(5분), 버스(1시간 45분), 도보(5분)으로 1시간 55분이 걸린다.
① 도보–지하철 : 도보(30분), 지하철(1시간 25분), 도보(30분)이므로 총 2시간 25분이 걸린다.
② 도보–버스 : 도보(15분), 버스(1시간 45분), 도보(5분)이므로 총 2시간 5분이 걸린다.
③ 택시–지하철 : 택시(10분), 지하철(1시간 25분), 도보(30분)이므로 총 2시간 5분이 걸린다.

답 ④

## (2) 예산관리능력

① 예산과 예산관리

    ㉠ 예산 : 필요한 비용을 미리 헤아려 계산하는 것이나 또는 그 비용을 의미

    ㉡ 예산관리 : 활동이나 사업에 소요되는 비용을 산정하고, 예산을 편성하는 것뿐만 아니라 예산을 통제하는 것 모두를 포함한다.

② 예산의 구성요소

| 비용 | 직접비용 | 재료비, 원료와 장비, 시설비, 여행(출장) 및 잡비, 인건비 등 |
|---|---|---|
| | 간접비용 | 보험료, 건물관리비, 광고비, 통신비, 사무비품비, 각종 공과금 등 |

③ 예산수립 과정 ··· 필요한 과업 및 활동 구명 → 우선순위 결정 → 예산 배정

---

**예제 3**

당신은 가을 체육대회에서 총무를 맡으라는 지시를 받았다. 다음과 같은 계획에 따라 예산을 진행하였으나 확보된 예산이 생각보다 적게 되어 불가피하게 비용항목을 줄여야 한다. 다음 중 귀하가 비용 항목을 없애기에 가장 적절한 것은 무엇인가?

〈○○산업공단 춘계 1차 워크숍〉

1. 해당부서 : 인사관리팀, 영업팀, 재무팀
2. 일　　정 : 2016년 4월 21일~23일(2박 3일)
3. 장　　소 : 강원도 속초 ○○연수원
4. 행사내용 : 바다열차탑승, 체육대회, 친교의 밤 행사, 기타

① 숙박비　　　　　　　② 식비
③ 교통비　　　　　　　④ 기념품비

[출제의도]
업무에 소요되는 예산 중 꼭 필요한 것과 예산을 감축해야할 때 삭제 또는 감축이 가능한 것을 구분해내는 능력을 묻는 문항이다.
[해설]
한정된 예산을 가지고 과업을 수행할 때에는 중요도를 기준으로 예산을 사용한다. 위와 같이 불가피하게 비용 항목을 줄여야 한다면 기본적인 항목인 숙박비, 식비, 교통비는 유지되어야 하기에 항목을 없애기 가장 적절한 정답은 ④번이 된다.

답 ④

## (3) 물적관리능력

① 물적자원의 종류
  ㉠ 자연자원 : 자연상태 그대로의 자원 ex) 석탄, 석유 등
  ㉡ 인공자원 : 인위적으로 가공한 자원 ex) 시설, 장비 등

② 물적자원관리 … 물적자원을 효과적으로 관리할 경우 경쟁력 향상이 향상되어 과제 및 사업의 성공으로 이어지며, 관리가 부족할 경우 경제적 손실로 인해 과제 및 사업의 실패 가능성이 커진다.

③ 물적자원 활용의 방해요인
  ㉠ 보관 장소의 파악 문제
  ㉡ 훼손
  ㉢ 분실

④ 물적자원관리 과정

| 과정 | 내용 |
|---|---|
| 사용 물품과 보관 물품의 구분 | • 반복 작업 방지<br>• 물품활용의 편리성 |
| 동일 및 유사 물품으로의 분류 | • 동일성의 원칙<br>• 유사성의 원칙 |
| 물품 특성에 맞는 보관 장소 선정 | • 물품의 형상<br>• 물품의 소재 |

## 예제 4

S호텔의 외식사업부 소속인 K씨는 예약일정 관리를 담당하고 있다. 아래의 예약일정과 정보를 보고 K씨의 판단으로 옳지 않은 것은?

### 〈S호텔 일식 뷔페 1월 ROOM 예약 일정〉

\* 예약 : ROOM 이름(시작시간)

| SUN | MON | TUE | WED | THU | FRI | SAT |
|-----|-----|-----|-----|-----|-----|-----|
|  |  |  |  |  | 1 | 2 |
|  |  |  |  |  | 백합(16) | 장미(11) 백합(15) |
| 3 | 4 | 5 | 6 | 7 | 8 | 9 |
| 라일락(15) | 백향목(10) 백합(15) | 장미(10) 백향목(17) | 백합(11) 라일락(18) | 백향목(15) | 장미(10) 라일락(15) |  |

| ROOM 구분 | 수용가능인원 | 최소투입인력 | 연회장 이용시간 |
|-----------|------------|-------------|---------------|
| 백합 | 20 | 3 | 2시간 |
| 장미 | 30 | 5 | 3시간 |
| 라일락 | 25 | 4 | 2시간 |
| 백향목 | 40 | 8 | 3시간 |

- 오후 9시에 모든 업무를 종료함
- 한 타임 끝난 후 1시간씩 세팅 및 정리
- 동 시간 대 서빙 투입인력은 총 10명을 넘을 수 없음

안녕하세요, 1월 첫째 주 또는 둘째 주에 신년회 행사를 위해 ROOM을 예약하려고 하는데요, 저희 동호회의 총 인원은 27명이고 오후 8시쯤 마무리하려고 합니다. 신정과 주말, 월요일은 피하고 싶습니다. 예약이 가능할까요?

① 인원을 고려했을 때 장미ROOM과 백향목ROOM이 적합하겠군.
② 만약 2명이 안 온다면 예약 가능한 ROOM이 늘어나겠구나.
③ 조건을 고려했을 때 예약 가능한 ROOM은 5일 장미ROOM뿐이겠구나.
④ 오후 5시부터 8시까지 가능한 ROOM을 찾아야해.

[출제의도]
주어진 정보와 일정표를 토대로 이용 가능한 물적자원을 확보하여 이를 정확하게 안내할 수 있는 능력을 측정하는 문항이다. 고객이 제공한 정보를 정확하게 파악하고 그 조건 안에서 가능한 자원을 제공할 수 있어야 한다.

[해설]
③ 조건을 고려했을 때 5일 장미ROOM과 7일 장미ROOM이 예약 가능하다.
① 참석 인원이 27명이므로 30명 수용 가능한 장미ROOM과 40명 수용 가능한 백향목ROOM 두 곳이 적합하다.
② 만약 2명이 안 온다면 총 참석인원 25명이므로 라일락ROOM, 장미ROOM, 백향목ROOM이 예약 가능하다.
④ 오후 8시에 마무리하려고 계획하고 있으므로 적절하다.

**답** ③

### (4) 인적자원관리능력

① **인맥** … 가족, 친구, 직장동료 등 자신과 직접적인 관계에 있는 사람들인 핵심인맥과 핵심
인맥들로부터 알게 된 파생인맥이 존재한다.

② **인적자원의 특성** … 능동성, 개발가능성, 전략적 자원

③ **인력배치의 원칙**
  ㉠ **적재적소주의** : 팀의 효율성을 높이기 위해 팀원의 능력이나 성격 등과 가장 적합한 위
     치에 배치하여 팀원 개개인의 능력을 최대로 발휘해 줄 것을 기대하는 것
  ㉡ **능력주의** : 개인에게 능력을 발휘할 수 있는 기회와 장소를 부여하고 그 성과를 바르게
     평가하며 평가된 능력과 실적에 대해 그에 상응하는 보상을 주는 원칙
  ㉢ **균형주의** : 모든 팀원에 대한 적재적소를 고려

④ **인력배치의 유형**
  ㉠ **양적 배치** : 부문의 작업량과 조업도, 여유 또는 부족 인원을 감안하여 소요인원을 결
     정하여 배치하는 것
  ㉡ **질적 배치** : 적재적소의 배치
  ㉢ **적성 배치** : 팀원의 적성 및 흥미에 따라 배치하는 것

---

**예제 5**

최근 조직개편 및 연봉협상 과정에서 직원들의 불만이 높아지고 있다. 온
갖 루머가 난무한 가운데 인사팀원인 당신에게 사내 게시판의 직원 불만사
항에 대한 진위여부를 파악하고 대안을 세우라는 팀장의 지시를 받았다.
다음 중 당신이 조치를 취해야 하는 직원은 누구인가?

① 사원 A는 팀장으로부터 업무 성과가 탁월하다는 평가를 받았는데도 조직개편
  으로 인한 부서 통합으로 인해 승진을 못한 것이 불만이다.
② 사원 B는 회사가 예년에 비해 높은 영업 이익을 얻었는데도 불구하고 연봉
  인상에 인색한 것이 불만이다.
③ 사원 C는 회사가 급여 정책을 변경해서 고정급 비율을 낮추고 기본급과 인센
  티브를 지급하는 제도로 바꾼 것이 불만이다.
④ 사원 D는 입사 동기인 동료가 자신보다 업무 실적이 좋지 않고 불성실한 근
  무태도를 가지고 있는데, 팀장과의 친분으로 인해 자신보다 높은 평가를 받
  은 것이 불만이다.

[출제의도]
주어진 직원들의 정보를 통해 시급
하게 진위여부를 가리고 조치하여
인력배치를 해야 하는 사항을 확인
하는 문제이다.

[해설]
사원 A, B, C는 각각 조직 정책에
대한 불만이기에 논의를 통해 조직
적으로 대처하는 것이 옳지만, 사
원 D는 팀장의 독단적인 전횡에
대한 불만이기 때문에 조사하여 시
급히 조치할 필요가 있다. 따라서
가장 적절한 답은 ④번이 된다.

**답 ④**

---

# 출제예상문제

**▌1~2▌** 다음은 전기자동차 충전요금 산정기준과 계절별 부하 시간대에 대한 자료이다. 이에 대한 물음에 답하시오.

### 〈전기자동차 충전요금 산정기준〉

| 월 기본요금 (원) | 전력량 요율(원/kWh) | | | |
|---|---|---|---|---|
| | 계절<br>시간대 | 여름<br>(6~8월) | 봄(3~5월),<br>가을(9~10월) | 겨울<br>(1~2월, 11~12월) |
| 2,390 | 경부하 | 57.6 | 58.7 | 80.7 |
| | 중간부하 | 145.3 | 70.5 | 128.2 |
| | 최대부하 | 232.5 | 75.4 | 190.8 |

※ 월 충전요금(원) = 월 기본요금
　+(경부하 시간대 전력량 요율 × 경부하 시간대 충전 전력량)
　+(중간부하 시간대 전력량 요율 × 중간부하 시간대 충전 전력량)
　+(최대부하 시간대 전력량 요율 × 최대부하 시간대 충전 전력량)
※ 월 충전요금은 해당 월 1일에서 말일까지의 충전 전력량을 사용하여 산정한다.
※ 1시간에 충전되는 전기자동차의 전력량은 5kWh이다.

### 〈계절별 부하 시간대〉

| 시간대 | 계절 | 여름<br>(6~8월) | 봄(3~5월),<br>가을(9~10월) | 겨울<br>(1~2월, 11~12월) |
|---|---|---|---|---|
| 경부하 | | 00 : 00 ~ 09 : 00<br>23 : 00 ~ 24 : 00 | 00 : 00 ~ 09 : 00<br>23 : 00 ~ 24 : 00 | 00 : 00 ~ 09 : 00<br>23 : 00 ~ 24 : 00 |
| 중간부하 | | 09 : 00 ~ 10 : 00<br>12 : 00 ~ 13 : 00<br>17 : 00 ~ 23 : 00 | 09 : 00 ~ 10 : 00<br>12 : 00 ~ 13 : 00<br>17 : 00 ~ 23 : 00 | 09 : 00 ~ 10 : 00<br>12 : 00 ~ 17 : 00<br>20 : 00 ~ 22 : 00 |
| 최대부하 | | 10 : 00 ~ 12 : 00<br>13 : 00 ~ 17 : 00 | 10 : 00 ~ 12 : 00<br>13 : 00 ~ 17 : 00 | 10 : 00 ~ 12 : 00<br>17 : 00 ~ 20 : 00<br>22 : 00 ~ 23 : 00 |

**1** 다음 자료를 참고한 설명 중 옳은 것은?

① 모든 시간대에서 봄, 가을의 전력량 요율이 가장 낮다.

② 월 100kWh를 충전했을 때 월 충전요금의 최댓값과 최솟값 차이는 16,000원 이하이다.

③ 중간부하 시간대의 총 시간은 6월 1일과 12월 1일이 동일하다.

④ 22시 30분의 전력량 요율이 가장 높은 계절은 여름이다.

⑤ 7월에 17시부터 충전을 시작한 후 멈춤 없이 35kWh 충전했다면 중간부하 시간대에만 충전한 것이다.

 ③ 각각 8시간으로 동일하다. (O)
① 여름(경부하)이 봄·가을(경부하)보다 전력량 요율이 더 낮다. (×)
② 최소 : 57.6 × 100 = 5,760원, 최대 : 232.5 × 100 = 23,250원이며 차이는 16,000원 이상이다. (×)
④ 22시 30분에 최대부하인 계절은 겨울이다. (×)
⑤ 1시간에 충전되는 전기자동차의 전력량은 5kWh이므로 17시부터 24시까지(7시간 충전) 충전한 것이며, 경부하 시간대와 중간부하 시간대에 충전한 것이 된다. (×)

**2** 다음 〈보기〉의 충전 요금의 총합(㉠ + ㉡ + ㉢)은 얼마인가?

> ㉠ 12월 중간부하 시간대에만 100kWh를 충전한 월 충전요금
> ㉡ 6월 경부하 시간대에만 200kWh를 충전한 월 충전요금
> ㉢ 9월 최대부하 시간대에만 150kWh를 충전한 월 충전요금

① 38,070원        ② 40,315원

③ 42,085원        ④ 42,820원

⑤ 77,800원

 ㉠ 12월 겨울 중간부하 요율 : 128.2 × 100 = 12,820 + 2,390(기본) = 15,210원
㉡ 6월 여름 경부하 요율 : 57.6 × 200 = 11,520 + 2,390(기본) = 13,910원
㉢ 9월 가을 최대부하 요율 : 75.4 × 150 = 11,310 + 2,390(기본) = 13,700원
∴ 15,210 + 13,910 + 13,700 = 42,820원

**3** 다음은 A씨가 알아본 여행지의 관광 상품 비교표이다. 월요일에 A씨 부부가 여행을 갈 경우 하루 평균 가격이 가장 비싼 여행지부터 순서대로 올바르게 나열한 것은? (단, 출발일도 일정에 포함, 1인당 가격은 할인 전 가격이며, 가격 계산은 버림 처리하여 정수로 표시한다)

| 관광지 | 일정 | 1인당 가격 | 비고 |
|--------|------|------------|------|
| 갑지 | 5일 | 599,000원 | – |
| 을지 | 6일 | 799,000원 | 주중 20% 할인 |
| 병지 | 8일 | 999,000원 | 동반자 20% 할인 |
| 정지 | 10일 | 1,999,000원 | 동반자 50% 할인 |

① 을지 – 갑지 – 병지 – 정지
② 정지 – 병지 – 갑지 – 을지
③ 정지 – 갑지 – 을지 – 병지
④ 정지 – 갑지 – 병지 – 을지
⑤ 갑지 – 정지 – 병지 – 을지

 각 여행지별 2명의 하루 평균 가격을 도표로 정리하면 다음과 같다.

| 관광지 | 일정 | 2명의 하루 평균 가격 |
|--------|------|----------------------|
| 갑지 | 5일 | 599,000 ÷ 5 × 2 = 239,600원 |
| 을지 | 6일 | 799,000 ÷ 6 × 2 = 266,333원, 월~금은 주중 할인이 적용되어 하루 평균 266,333 × 0.8 = 213,066원이 된다. 따라서 월~토 일정 동안의 전체 금액[(213,066 × 5) + 266,333]에서 하루 평균 가격을 구하면 221,944원이다. |
| 병지 | 8일 | 999,000 ÷ 8 = 124,875원(1명), 999,000 ÷ 8 × 0.8 = 99,900원(1명) 따라서 2명은 124,875 + 99,900 = 224,775원 |
| 정지 | 10일 | 1,999,000 ÷ 10 = 199,900원(1명), 1,999,000 ÷ 10 × 0.5 = 99,950원(1명) 따라서 2명은 199,900 + 99,950 = 299,850원 |

따라서 가장 비싼 여행지부터의 순위는 정지 – 갑지 – 병지 – 을지이다.

**4** 다음은 □□시 체육관 대관에 관한 자료이다. 다음의 자료를 참고한 설명 중 옳은 것은?

〈□□시 체육관 대관 안내〉

• 대관 예약은 2개월 전부터 가능합니다.
• 대관료는 대관일 최소 5일 전에 결제해야 대관 이용이 가능합니다.
• 초과 시간당 대관료 계산은 일일 4시간 기준 대관료의 시간당 20% 가산 징수합니다.
※ □□시 주최의 행사가 있을 시에는 시행사 우선으로 대관 예약이 취소될 수 있음을 알려드립니다.

〈□□시 체육관 대관료〉

(단위 : 원)

| 대관료 | | 관내 | | 관외 | |
|---|---|---|---|---|---|
| | | 평일 | 휴일 | 평일 | 휴일 |
| 체육 경기 | 4시간 기준 | 60,000 | 90,000 | 120,000 | 180,000 |
| | 초과 1시간당 | 12,000 | 18,000 | 24,000 | 36,000 |
| 체육 경기 외 | 4시간 기준 | 250,000 | 350,000 | 500,000 | 700,000 |
| | 초과 1시간당 | 50,000 | 70,000 | 100,000 | 140,000 |

부대시설 사용료

| 음향 | 10,000/시간 |
|---|---|
| 냉 · 난방 | 30,000/시간 |

〈일일 입장료〉

| 구분 | 평일 | 휴일 | 비고 |
|---|---|---|---|
| 어른 | 1,500원 | 2,000원 | 2시간 초과 시 재구매 |
| 노인, 장애인, 유공자 등 | 700원 | 1,000원 | 관내 어린이 · 청소년 무료 |

〈프로그램 안내〉

| 프로그램 | 요일 | 시간 | 수강료 |
|---|---|---|---|
| 여성배구 | 월, 수, 금 | 09 : 30 ~ 13 : 00 | 30,000원 |
| 줌바댄스 | 화, 목 | 20 : 00 ~ 21 : 00 | 30,000원 |

① 甲 : 휴일에 □□시 탁구 동호회에서 탁구 대회를 위해 체육관을 5시간 대관했다면 총 대관료는 84,000원이군.

② 乙 : 2개월 전에 미리 예약만 하면 체육관을 반드시 대관할 수 있겠네.

③ 丙 : 체육관을 대관하고 음향시설까지 2시간 사용했다면 대관료와 함께 부대시설 사용료 6만 원을 지불해야 하는군.

④ 丁 : 관내 거주자인 어른 1명과 고등학생 1명의 휴일 일일 입장료는 2,000원이군.

⑤ 戊 : 프로그램 2개를 모두 수강하는 사람은 수강료로 5만 원을 지불하면 되겠네.

① 체육경기를 목적으로 관내 동호회가 휴일에 체육관을 대관한 것으로, 4시간 기준 대관료 90,000원에 1시간 초과 대관료 18,000원을 더하여 108,000원의 대관료를 지불해야 한다.

② ㅁㅁ시 주최의 행사가 있을 시에는 시행사 우선으로 대관 예약이 취소될 수 있다.

③ 음향시설 사용료는 시간당 만 원으로, 대관료와 함께 지불해야 할 부대시설 사용료는 2만 원이다.

⑤ 여성배구와 줌바댄스 프로그램의 수강료는 각각 3만 원으로 2개 프로그램을 모두 수강하는 사람은 수강료로 6만 원을 지불해야 한다.

**5** A사는 다음과 같이 직원들의 부서 이동을 단행하였다. 다음 부서 이동 현황에 대한 올바른 설명은?

| 이동 전 \ 이동 후 | 영업팀 | 생산팀 | 관리팀 |
|---|---|---|---|
| 영업팀 | 25 | 7 | 11 |
| 생산팀 | 9 | 16 | 5 |
| 관리팀 | 10 | 12 | 15 |

① 이동 전과 후의 인원수의 변화가 가장 큰 부서는 생산팀이다.

② 이동 전과 후의 부서별 인원수가 많은 순위는 동일하다.

③ 이동 후에 인원수가 감소한 부서는 1개 팀이다.

④ 가장 많은 인원이 이동해 온 부서는 관리팀이다.

⑤ 잔류 인원보다 이동해 온 인원이 더 많은 부서는 1개 팀이다.

③ 이동 후 인원수가 감소한 부서는 37명→31명으로 바뀐 관리팀뿐이다.

① 영업팀은 1명 증가, 생산팀은 5명 증가, 관리팀은 6명 감소로 관리팀의 인원수 변화가 가장 크다.

② 이동 전에는 영업팀 > 관리팀 > 생산팀 순으로 인원수가 많았으나, 이동 후에는 영업팀 > 생산팀 > 관리팀 순으로 바뀌었다.

④ 가장 많은 인원이 이동해 온 부서는 영업팀(9+10=19)과 생산팀(7+12=19)이며, 관리팀으로 이동해 온 인원은 11+5=16명이다.

⑤ 잔류 인원보다 이동해 온 인원이 더 많은 부서는 영업팀 25 > 19, 생산팀 16 < 19, 관리팀 15 < 16으로 생산팀과 관리팀 2개 부서이다.

*Answer*↝ 4.④ 5.③

**6** 다음은 시간계획 법칙 중 하나인 60 : 40의 Rule이다. ㉠~㉢의 내용이 알맞게 짝지어진 것은?

| ㉠ (60%) | ㉡ (20%) | ㉢ (20%) |
|---|---|---|
| 총 시간 | | |

| | ㉠ | ㉡ | ㉢ |
|---|---|---|---|
| ① | 계획된 행동 | 계획 외의 행동 | 자발적 행동 |
| ② | 계획 외의 행동 | 계획된 행동 | 자발적 행동 |
| ③ | 자발적 행동 | 계획 외의 행동 | 계획된 행동 |
| ④ | 계획된 행동 | 계획 외의 행동 | 부차적 행동 |
| ⑤ | 부차적 행동 | 자발적 행동 | 계획된 행동 |

 60 : 40의 Rule

| 계획된 행동 (60%) | 계획 외의 행동 (20%) | 자발적 행동 (20%) |
|---|---|---|
| 총 시간 | | |

**7** 다음 중 간접비용이 아닌 것은?

① 보험료      ② 건물관리비

③ 광고비      ④ 통신비

⑤ 인건비

 예산의 구성요소

| 비용 | 직접비용 | 재료비, 원료와 장비, 시설비, 여행(출장) 및 잡비, 인건비 등 |
|---|---|---|
| | 간접비용 | 보험료, 건물관리비, 광고비, 통신비, 사무비품비, 각종 공과금 등 |

**8** 업무상 지출하는 비용은 회계상 크게 직접비와 간접비로 구분할 수 있으며, 이러한 지출 비용을 개인의 가계에 대입하여 구분할 수도 있다. M씨의 개인 지출 내역이 다음과 같을 경우, M씨의 전체 지출 중 간접비가 차지하는 비중은 얼마인가?

(단위 : 만 원)

| 보험료 | 공과금 | 외식비 | 전세 보증금 | 자동차 보험료 | 의류 구매 | 병원 치료비 |
|---|---|---|---|---|---|---|
| 20 | 55 | 60 | 10,000 | 11 | 40 | 15 |

① 약 13.5%  ② 약 8.8%

③ 약 0.99%  ④ 약 4.3%

⑤ 약 2.6%

 업무상 지출의 개념이 개인 가계에 적용될 경우, 의식주에 직접적으로 필요한 비용은 직접 비용, 세금, 보험료 등의 비용은 간접비용에 해당된다. 따라서 간접비용은 보험료, 공과금, 자동차 보험료, 병원비로 볼 수 있다. 총 지출 비용이 10,201만 원이며, 이 중 간접비용이 20+55+11+15=101만 원이므로 101÷10,201×100=약 0.99%가 됨을 알 수 있다.

**9** 다음은 오 과장과 권 대리가 다니고 있는 직장의 수당지급에 대한 자료이다. 다음에 근거할 때, 오 과장과 권 대리가 받게 될 수당의 합계 금액은 얼마인가?

〈수당지급규정〉

| 수당의 종류 | 지급액 계산방법 |
|---|---|
| 시간 외 근무수당 | 통상임금×1.5÷200×근무시간 |
| 야간 근무수당 | 통상임금×0.5÷200×근무시간 |
| 휴일 근무수당 | 통상임금×0.5÷200×근무시간 |

\* 2개 이상의 근무가 겹치는 경우, 시간 외 근무로 판단함

〈추가 근무 시간 내역〉

| | 시간 외 근무 | 야간 근무 | 휴일 근무 |
|---|---|---|---|
| 오 과장 | 18시간 | 4시간 | 8시간 |
| 권 대리 | 22시간 | 5시간 | 12시간 |

\* 오 과장과 권 대리의 통상임금은 각각 320만 원과 280만 원임

① 110.9만 원      ② 108.3만 원
③ 102.8만 원      ④ 98.5만 원
⑤ 96.2만 원

 두 사람이 받게 될 수당을 계산하여 표로 정리하면 다음과 같다.

| | 시간외 근무 | 야간 근무 | 휴일 근무 | 합계 |
|---|---|---|---|---|
| 오 과장 | 320×1.5÷200×18<br>=43.2만 원 | 320×0.5÷200×4<br>=3.2만 원 | 320×0.5÷200×8<br>=6.4만 원 | 52.8만 원 |
| 권 대리 | 280×1.5÷200×22<br>=46.2만 원 | 280×0.5÷200×5<br>=3.5만 원 | 280×0.5÷200×12<br>=8.4만 원 | 58.1만 원 |

따라서 두 사람의 수당 합계 금액은 52.8+58.1=110.9만 원이 된다.

10  다음은 S공사의 지역본부 간 인사이동과 관련된 자료이다. 이에 대한 〈보고서〉의 내용 중 옳지 않은 것은?

〈2015년 직원 인사이동 현황〉

| 전출 ＼ 전입 | A지역본부 | B지역본부 | C지역본부 | D지역본부 |
|---|---|---|---|---|
| A지역본부 |  | 190명 | 145명 | 390명 |
| B지역본부 | 123명 |  | 302명 | 260명 |
| C지역본부 | 165명 | 185명 |  | 110명 |
| D지역본부 | 310명 | 220명 | 130명 |  |

※ 인사이동은 A~D지역본부 간에서만 이루어진다.

※ 2015년 인사이동은 2015년 1월 1일부터 12월 31일까지 발생하며 동일 직원의 인사이동은 최대 1회로 제한된다.

※ 위 표에서 190은 A지역본부에서 B지역본부로 인사이동하였음을 의미한다.

〈2015~2016년 지역본부별 직원 수〉

| 지역본부 ＼ 연도 | 2015년 | 2016년 |
|---|---|---|
| A지역본부 | 3,232명 | 3,105명 |
| B지역본부 | 3,120명 | 3,030명 |
| C지역본부 | 2,931명 | (      )명 |
| D지역본부 | 3,080명 | (      )명 |

※ 직원 수는 매년 1월 1일 0시를 기준으로 한다.

※ 직원 수는 인사이동에 의해서만 변하며, 신규로 채용되거나 퇴사한 직원은 없다.

〈보고서〉

　　S공사의 지역본부 간 인사이동을 파악하기 위해 ① 2015년의 전입·전출을 분석한 결과 총 2,530명이 근무지를 이동한 것으로 파악되었다. S공사의 4개 지역본부 가운데 ② 전출직원 수가 가장 많은 지역본부는 A이다. 반면, ③ 전입직원 수가 가장 많은 지역본부는 A, B, D로부터 총 577명이 전입한 C이다. 2015년 인사이동 결과, ④ 2016년 직원이 가장 많은 지역본부는 D이며, ⑤ 2015년과 2016년의 직원 수 차이가 가장 큰 지역본부는 A이다.

③ 전입직원 수가 가장 많은 지역부터 순서대로 나열하면 D(760)>A(598)>B(595)>C(577)이다.
① 2015년 직원 인사이동 현황표에 따르면 총 2,530명이 이동하였다.
② 전출직원 수가 가장 많은 지역본부부터 순서대로 나열하면 A(725)>B(685)>D(660)>C(460)이다.
④ 2016년 직원이 가장 많은 지역부터 순서대로 나열하면 D(3,180)>A(3,105)>C(3,048)>B(3,030)이다.
⑤ 2015년과 2016년의 직원 수 차이가 가장 큰 지역부터 순서대로 나열하면 A(127명 감소)>C(117명 증가)>D(100명 증가)>B(90명 감소)이다.

**11** 다음은 신입사원 A가 2017년 1월에 현금으로 지출한 생활비 내역이다. 만약 A가 카드회사에서 권유한 A~C카드 중 하나를 발급받아 2017년 2월에도 1월과 동일하게 발급받은 카드로만 생활비를 지출하였다면 예상청구액이 가장 적은 카드는 무엇인가?

〈신입사원 A의 2017년 1월 생활비 지출내역〉

| 분류 | 세부항목 | | 금액(만 원) |
|---|---|---|---|
| 교통비 | 버스 · 지하철 요금 | | 8 |
| | 택시 요금 | | 2 |
| | KTX 요금 | | 10 |
| 식비 | 외식비 | 평일 | 10 |
| | | 주말 | 5 |
| | 카페 지출액 | | 5 |
| | 식료품 구입비 | 대형마트 | 5 |
| | | 재래시장 | 5 |
| 의류구입비 | 온라인 | | 15 |
| | 오프라인 | | 15 |
| 여가 및 자기계발비 | 영화관람료(1만 원/회 × 2회) | | 2 |
| | 도서구입비 (2만 원/권 × 1권, 1만 5천 원/권 × 2권, 1만 원/권 × 3권) | | 8 |
| | 학원 수강료 | | 20 |

〈신용카드별 할인혜택〉

| A신용카드 | • 버스·지하철, KTX 요금 20% 할인(단, 할인액의 한도는 월 2만 원)<br>• 외식비 주말 결제액 5% 할인<br>• 학원 수강료 15% 할인<br>• 최대 총 할인한도액 없음<br>• 연회비 1만 5천 원이 발급 시 부과되어 합산됨 |
|---|---|
| B신용카드 | • 버스·지하철, KTX 요금 10% 할인(단, 할인액의 한도는 월 1만 원)<br>• 온라인 의류구입비 10% 할인<br>• 도서구입비 권당 3천 원 할인(단, 권당 가격이 1만 2천 원 이상인 경우에만 적용)<br>• 최대 총 할인한도액은 월 3만 원<br>• 연회비 없음 |
| C신용카드 | • 버스·지하철, 택시 요금 10% 할인(단, 할인액의 한도는 월 1만 원)<br>• 카페 지출액 10% 할인<br>• 재래시장 식료품 구입비 10% 할인<br>• 영화관람료 회당 2천 원 할인(월 최대 2회)<br>• 최대 총 할인한도액은 월 4만 원<br>• 연회비 없음 |

① A                   ② B

③ C                   ④ A와 C

⑤ 세 카드의 예상청구액이 모두 동일하다.

 각 신용카드별 할인혜택을 통해 갑이 할인받을 수 있는 내역은 다음과 같다.

| 신용카드 | 할인금액 |
|---|---|
| A | • 버스·지하철, KTX 요금 20% 할인(단, 한도 월 2만 원)→2만 원<br>• 외식비 주말 결제액 5% 할인→2,500원<br>• 학원 수강료 15% 할인→3만 원<br>※ 최대 총 할인한도액은 없고 연회비 1만 5천 원이 부과되므로 줄어드는 금액은 총 37,500원이다. |
| B | • 버스·지하철, KTX 요금 10% 할인(단, 한도 월 1만 원)→1만 원<br>• 온라인 의류구입비 10% 할인→1만 5천 원<br>• 도서구입비 권당 3천 원 할인(단, 정가 1만 2천 원 이상 적용)→9,000원<br>※ 연회비는 없지만, 최대 총 할인한도액이 월 3만 원이므로 줄어드는 금액은 총 3만 원이다. |
| C | • 버스·지하철, 택시 요금 10% 할인(단, 한도 월 1만 원)→1만 원<br>• 카페 지출액 10% 할인→5,000원<br>• 재래시장 식료품 구입비 10% 할인→5,000원<br>• 영화관람료 회당 2천 원 할인(월 최대 2회)→4,000원<br>※ 최대 총 할인한도액은 월 4만원이고 연회비가 없으므로 줄어드는 금액은 총 24,000원이다. |

**Answer** 11.①

〈프로젝트의 단위활동〉

| 활동 | 직전 선행활동 | 활동시간(일) |
|---|---|---|
| A | – | 3 |
| B | – | 5 |
| C | A | 3 |
| D | B | 2 |
| E | C, D | 4 |

〈프로젝트의 PERT 네트워크〉

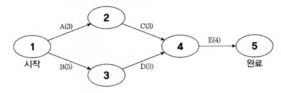

이 프로젝트의 단위활동과 PERT 네트워크를 보면

• A와 B활동은 직전 선행활동이 없으므로 동시에 시작할 수 있다.

• A활동 이후에 C활동을 하고, B활동 이후에 D활동을 하며, C와 D활동이 끝난 후 E활동을 하므로 한 눈에 볼 수 있는 표로 나타내면 다음과 같다.

| A(3일) | | C(3일) | | | E(4일) | |
|---|---|---|---|---|---|---|
| B(5일) | | | | D(2일) | | |

∴ 이 프로젝트를 끝내는 데는 최소한 11일이 걸린다.

**12** R회사에 근무하는 J대리는 Z프로젝트의 진행을 맡고 있다. J대리는 이 프로젝트를 효율적으로 끝내기 위해 위의 예제를 참고하여 일의 흐름도를 다음과 같이 작성하였다. 이 프로젝트를 끝내는 데 최소한 며칠이 걸리겠는가?

〈Z프로젝트의 단위활동〉

| 활동 | 직전 선행활동 | 활동시간(일) |
|:---:|:---:|:---:|
| A | – | 7 |
| B | – | 5 |
| C | A | 4 |
| D | B | 2 |
| E | B | 4 |
| F | C, D | 3 |
| G | C, D, E | 2 |
| H | F, G | 2 |

〈Z프로젝트의 PERT 네트워크〉

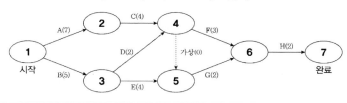

① 15일  ② 16일
③ 17일  ④ 18일
⑤ 20일

| A(7일) | | C(4일) | | F(3일) | | H(2일) |
|---|---|---|---|---|---|---|
| B(5일) | D(2일) | | | G(2일) | | |
| | E(4일) | | | | | |

**13** 위의 문제에서 A활동을 7일에서 3일로 단축시킨다면 전체 일정은 며칠이 단축되겠는가?

① 1일            ② 2일

③ 3일            ④ 4일

⑤ 5일

| A(3일) | C(4일) | | F(3일) | | H(2일) |
|---|---|---|---|---|---|
| B(5일) | | D(2일) | | | |
| | | E(4일) | | G(2일) | |

총 13일이 소요되므로 전체일정은 3일이 단축된다.

**14** Z회사는 오늘을 포함하여 30일 동안에 자동차를 생산할 계획이며 Z회사의 하루 최대투입 가능 근로자 수는 100명이다. 다음 〈공정표〉에 근거할 때 Z회사가 벌어들일 수 있는 최대 수익은 얼마인가? (단, 작업은 오늘부터 개시되며 각 근로자는 자신이 투입된 자동차의 생산이 끝나야만 다른 자동차의 생산에 투입될 수 있고 1일 필요 근로자 수 이상의 근로자가 투입되더라도 자동차당 생산 소요기간은 변하지 않는다)

〈공정표〉

| 자동차 | 소요기간 | 1일 필요 근로자 수 | 수익 |
|---|---|---|---|
| A | 5일 | 20명 | 15억 원 |
| B | 10일 | 30명 | 20억 원 |
| C | 10일 | 50명 | 40억 원 |
| D | 15일 | 40명 | 35억 원 |
| E | 15일 | 60명 | 45억 원 |
| F | 20일 | 70명 | 85억 원 |

① 150억 원            ② 155억 원

③ 160억 원            ④ 165억 원

⑤ 170억 원

30일 동안 최대 수익을 올릴 수 있는 진행공정은 다음과 같다.

| F(20일, 70명) | | | C(10일, 50명) |
|---|---|---|---|
| B(10일, 30명) | A(5일, 20명) | | |

F(85억)+B(20억)+A(15억)+C(40억)=160억

**15** F회사에 입사한지 3개월이 된 사원 A씨는 주어진 일에 대해 우선순위 없이 닥치는 대로 행하고 있다. 그렇다 보니 중요하지 않은 일을 먼저 하기도 해서 상사로부터 꾸중을 들었다. 그런 A씨에게 L대리는 업무를 시간관리 매트릭스에 따라 4단계로 구분해보라고 조언을 하였다. 다음은 〈시간관리 매트릭스〉와 A씨가 해야 할 일들이다. 연결이 잘못 짝지어진 것은?

〈시간관리 매트릭스〉

|  | 긴급함 | 긴급하지 않음 |
|---|---|---|
| 중요함 | 제1사분면 | 제2사분면 |
| 중요하지 않음 | 제3사분면 | 제4사분면 |

〈A씨가 해야 할 일〉

㉠ 어제 못 본 드라마보기
㉡ 마감이 정해진 프로젝트
㉢ 인간관계 구축하기
㉣ 업무 보고서 작성하기
㉤ 회의하기
㉥ 자기개발하기
㉦ 상사에게 급한 질문하기

① ㉠ - 제4사분면
② ㉢ - 제2사분면
③ ㉣ - 제3사분면
④ ㉥ - 제2사분면
⑤ ㉦ - 제1사분면

(Tip) ㉦은 제3사분면에 들어가야 할 일이다.

**16** 다음은 ○○그룹 자원관리팀에 근무하는 현수의 상황이다. A자원을 구입하는 것과 B자원을 구입하는 것에 대한 분석으로 옳지 않은 것은?

> 현수는 새로운 프로젝트를 위해 B자원을 구입하였다. 그런데 B자원을 주문한 날 상사가 A자원을 구입하라고 지시하자 고민하다가 결국 상사를 설득시켜 그대로 B자원을 구입하기로 결정했다. 단, 여기서 두 자원을 구입하기 위해 지불해야 할 금액은 각각 50만 원씩으로 같지만 ○○그룹에게 있어 A자원의 실익은 100만 원이고 B자원의 실익은 150만 원이다. 그리고 자원을 주문한 이상 주문 취소는 불가능하다.

① 상사를 설득시켜 그대로 B자원을 구입하기로 결정한 현수의 선택은 합리적이다.
② B자원의 구입으로 인한 기회비용은 100만 원이다.
③ B자원을 구입하기 위해 지불한 50만 원은 회수할 수 없는 매몰비용이다.
④ ○○그룹에게 있어 더 큰 실제의 이익을 주는 자원은 A자원이다.
⑤ 주문 취소가 가능하더라도 B자원을 구입하는 것이 합리적이다.

 ④ ○○그룹에게 있어 A자원의 실익은 100만 원이고 B자원의 실익은 150만 원이므로 더 큰 실제의 이익을 주는 자원은 B자원이다.

**17** 다음 자료에 대한 분석으로 옳지 않은 것은?

> △△그룹에는 총 50명의 직원이 근무하고 있으며 자판기 총 설치비용과 사내 전 직원이 누리는 총 만족감을 돈으로 환산한 값은 아래 표와 같다. (단, 자판기로부터 각 직원이 누리는 만족감의 크기는 동일하며 설치비용은 모든 직원이 똑같이 부담한다)

| 자판기 수(개) | 총 설치비용(만 원) | 총 만족감(만 원) |
|:---:|:---:|:---:|
| 3 | 150 | 210 |
| 4 | 200 | 270 |
| 5 | 250 | 330 |
| 6 | 300 | 360 |
| 7 | 350 | 400 |

① 자판기를 7개 설치할 경우 각 직원들이 부담해야 하는 설치비용은 7만 원이다.

② 자판기를 최적으로 설치하였을 때 전 직원이 누리는 총 만족감은 400만 원이다.

③ 자판기를 4개 설치할 경우 더 늘리는 것이 합리적이다.

④ 자판기를 한 개 설치할 때마다 추가되는 비용은 일정하다.

⑤ 자판기를 3개에서 4개로 증가시킬 경우 직원 1인당 만족감 증가가 설치비용 증가보다 크다.

 ② △△그룹에서 자판기의 최적 설치량은 5개이며 이때 전 직원이 누리는 총 만족감은 330만 원이다.

**18** 다음의 내용을 읽고 밑줄 친 ⊙과 ⓒ으로부터 도출된 설명으로 가장 바르지 않은 것을 고르면?

◆ 기업을 가장 잘 아는 대학 한국 폴리텍 IV대학의 기업 파트너십 제도 운영

대학 경쟁력 강화 및 수요자 만족도 향상으로 기업과 대학이 상생할 수 있는 기업 파트너십은 기업으로부터 산업현장 신기술 등의 정보지원과 기업의 애로사항 등을 지원하여 상호 협력관계를 갖는 제도를 운영하며, 기업전담제를 통해 교수 1인당 10개 이상의 기업체를 전담하여 산학협력을 강화함으로써 기업이 원하는 인재를 양성하고, 기업의 요구 기술 및 향상훈련 등 기업이 필요로 하는 서비스를 제공하여 글로벌 인재를 길러내고 있다.

◆ NCS를 기반으로 한 일 학습 병행제 실시대학!

산업현장의 인재 양성을 위해 기업이 취업을 원하는 청년 등을 학습근로자를 채용하여, 폴리텍 대학과 함께 해당 직장에서의 ⊙현장훈련(OJT 훈련)과 ⓒ대학에서의 훈련(Off-JT)을 병행하여 체계적인 교육훈련을 제공하고, 일 학습 병행제 프로그램을 마친 자의 역량을 국가 또는 해당 산업분야에서의 자격 또는 학력 등으로 인정하는 제도로 고교졸업자의 선 취업 후 진학의 시스템을 운영하고 있다.

◆ 기업주문식(취업 약정형) 맞춤훈련으로 졸업 전 취업예약!!

한국 폴리텍 IV대학은 기업과 훈련 협약을 체결하고 주문식 맞춤교육을 통해 기업이 원하는 맞춤인력을 양성하며 기업주문식 맞춤훈련을 통해 졸업 전 양질의 취업을 보장받고 기업은 즉시 활용 가능한 인력의 확보가 가능한 시스템을 운영 중이다.

① ⊙의 경우에는 일(업무)을 하면서 동시에 훈련이 가능하다.
② ⊙의 경우에는 상사 또는 동료 간의 이해 및 협조정신을 높일 수 있다는 특징이 있다.
③ ⓒ의 경우에는 이들 구성원들을 직무로부터 분리시켜 일정한 장소에 집합시켜 교육훈련을 시키는 방식이라 할 수 있다.
④ ⓒ의 경우에는 많은 수의 구성원들에 대한 교육이 불가능하다.
⑤ ⓒ의 경우 현 업무와는 별개로 예정된 계획에 따라 실시가 가능하다.

(Tip) ⓒ OFF-JT은 구성원(인적자원)들을 일정기간 동안 직무로부터 분리시켜 기업 내 연수원 또는 교육원 등의 일정한 장소에 집합시켜서 교육훈련을 시키는 방식을 의미하며, 현 업무와는 별개로 예정된 계획에 따라 실시가 가능하고 한 번에 많은 수의 구성원들에 대한 교육이 가능하다.

**19** 다음은 프랜차이즈와 관련한 기사의 내용 중 일부를 읽고 밑줄 친 부분으로 보아 추측 가능한 내용을 고르면?

> **– '본○' 대박 김치죽 알고 보니 '쓰레기 죽' 파문 –**
>
> 먹다 남은 식재료로 죽을 만들어 이른바 '쓰레기 죽' 파장을 몰고 온 본죽 사건이 본사와 가맹점 간 소송으로 이어지게 됐다.
>
> 7일 서울중앙지법에 따르면 프랜차이즈 업체 '본○'과 '본ㅁㅁㅁ'을 운영하고 있는 ㈜본△△△는 다른 손님이 먹다 남긴 김치 등을 재활용해 '낙지김치죽', '참치김치죽'을 만들어 판매했던 가맹점 업주 송모(42)씨와 홍모(43)씨 등을 상대로 각각 3억 원의 손해배상 청구소송을 제기했다. 본△△△ 측은 소장에서 "지난해 11월 서울 관악구와 영등포구에 있는 가맹점 두 곳에서 손님이 반찬으로 남기고 간 김치를 재활용해 다시 죽을 조리하는 모습이 방송 프로그램에 방영되면서 전국 가맹점들의 매출 급감 사태가 발생했다."라고 주장했다.
>
> 본△△△는 1,200여 개에 이르는 전국 본○ 가맹점의 매출 손실을 모두 합하면 1개월에 50억 원에 달한다고 추산했다. 본△△△는 "가맹점 매출이 감소함에 따라 식재료를 공급하는 본사의 매출도 38억 원이 줄어 지난해 순수익이 예상보다 약 9억 원 감소했다."라고 덧붙였다. 실제로 소비자들은 일부 본○ 가맹점에서 먹다 남은 식재료를 다시 써서 음식을 만들고 있다는 사실이 알려진 후 인터넷을 통해 <u>'쓰레기 죽을 먹지 않겠다.'</u>는 등의 반응을 보였다. 이에 따라 송씨와 홍씨 등은 지난해 12월 점포를 자진 폐업했다.

① 사업 초기부터 소비자에 대한 신뢰도의 구축이 가능하다.

② 하나의 프랜차이지 실패는 타 지점과 전체 시스템에 영향을 미칠 수 있다.

③ 소액의 자본으로도 시작이 가능하다는 것을 알 수 있다.

④ 재료의 대량구매에 의한 규모의 경제달성이 가능하다고 볼 수 있다.

⑤ 가맹점 수는 브랜드 이미지 제고에 중요하다.

 이 문제는 프랜차이즈 시스템의 특성을 반영한 사례로 프랜차이지의 단점을 문제화한 것이다. 통상적으로 소비자들은 프랜차이즈에 대한 신뢰도를 구축하고 소비를 하고 있지만, 한 지점(가맹점)의 실수로 인해 전체 프랜차이즈 시스템인 '본○'의 브랜드 이미지에 좋지 않은 영향을 미칠 수 있다는 것을 보여주고 있다. 그렇기에 본사에서는 인적자원들에 대한 꾸준한 지원 및 개발, 각 점포들은 제공된 자원을 적절히 활용하여 본사 서비스의 개발을 발판으로 삼아 조직의 이미지를 개선시킬 수 있는 노력이 필요하다.

**Answer** 18.④ 19.②

**20** 아래의 내용을 읽고 이 같은 자원관리 활용과 관련성이 높은 항목을 고르면?

> 지난 2월초 소주 업계에서는 두산주류 BG의 '처음처럼'과 진로의 '참이슬'에서 20도 소주를 출시하면서 두 회사 간 치열한 경쟁이 벌어지고 있다. 특히 이 두 소주 회사들은 화장품을 증정하는 프로모션을 함께 벌이면서 고객 끌어들이기에 안간힘을 쓰고 있다. 처음처럼은 지난 4월부터 5월까지 서울 경기 강원 지역 중에 대학가와 20대가 많이 모이는 유흥상권에서 화장품을 이용한 판촉행사를 진행하고 있다. 처음처럼을 마시는 고객에게 게임을 통해 마스크 팩과 핸드크림을 나눠주고 있다. 또한 참이슬에서도 서울 경기 지역에서 폼 클렌징을 증정하고 있다. 두 소주 회사들의 주요 목표 층은 20대와 30대 남성들로 멋 내기에도 관심 있는 계층이어서 화장품에 대한 만족도도 매우 높은 것으로 알려지고 있다. 처음처럼 판촉팀 관계자는 수십 개 판촉팀을 나눠 진행하는데 마스크 팩이나 핸드크림을 증정 받은 남성들의 반응이 좋아 앞으로 화장품 프로모션은 계속 될 것이라고 말했다. 이 관계자는 또 "화장품이 소주의 판촉물로 선호되는 것은 무엇보다도 화장품이라는 아이템이 깨끗하고, 순수한 느낌을 주고 있어 가장 적합한 제품"이라고 덧붙였다. 특히 폼 클렌징을 증정 받아 사용해본 고객들은 사용 후 폼 클렌징을 직접 구매하고 있어 판매로 이어지면서 화장품 업계에서도 적극 권유하고 있다. 업계 관계자는 "화장품과 식품음료업체 간의 이러한 마케팅은 상대적으로 적은 비용으로 브랜드 인지도와 매출을 동시에 높일 수 있는 효과를 거둘 수 있다."라며 "비슷한 소비층을 목표로 한 업종 간의 마케팅이 더욱 활발하게 전개될 것"이라고 전망했다.

① 동일한 유통 경로 수준에 있는 기업들이 자본, 생산, 마케팅 기능 등을 결합해 필요로 하는 최소한의 자원을 동원하여 각 기업의 경쟁 우위를 공유하려는 마케팅 활동이다.

② 제품의 수요 또는 공급을 선택적으로 조절해 장기적인 측면에서 자사의 이미지 제고와 수익의 극대화를 꾀하는 마케팅 활동이다.

③ 시장의 경쟁체제는 치열해지고 이러한 레드 오션 안에서 틈새를 찾아 수익을 창출하는 마케팅 활동이다.

④ 이메일이나 또는 다른 전파 가능한 매체를 통해서 자발적으로 어떤 기업이나 기업의 제품을 홍보할 수 있도록 제작하여 널리 퍼지게 하는 마케팅 활동이다.

⑤ 블로그나 카페 등을 통해 소비자들에게 자연스럽게 정보를 제공하여 기업의 신뢰도 및 인지도를 상승시키고 구매욕구를 자극시키는 마케팅 방식이다.

위 지문에서는 공생마케팅의 개념을 설명하고 있는데, 소주 업계와 화장품 회사 간의 자원의 연계로 인해 시너지 효과를 극대화시키는 전략(기업 간 자원의 결합으로 인해 시장에서의 입지는 높아지며 독립적으로 시장에 진출할 시에 불필요하게 소요되어지는 많은 인적 및 물적 자원의 소비를 예방할 수 있다)이다. 즉, 공생 마케팅(Symbiotic Marketing)은 동일한 유통 경로 수준에 있는 기업들이 자본, 생산, 마케팅 기능 등을 결합해 각 기업의 경쟁 우위를 공유하려는 마케팅 활동으로써 이에 참여하는 업체가 경쟁 관계에 있는 경우가 보통이며 자신의 브랜드는 그대로 유지한다. 무엇보다도 각 기업이 가지고 있는 자원을 하나로 묶음으로서 그 외 불필요한 인적자원 및 물적 자원의 소비를 막을 수 있다는 이점이 있다.
② 디 마케팅　③ 니치 마케팅　④ 바이러스 마케팅　⑤ 바이럴 마케팅

**21** 철수와 영희는 서로 간 운송업을 동업의 형식으로 하고 있다. 그런데 이들 기업은 2.5톤 트럭으로 운송하고 있다. 누적실제차량수가 400대, 누적실제가동차량수가 340대, 누적주행거리가 40,000km, 누적실제주행거리가 30,000km, 표준연간차량의 적하일수는 233일, 표준연간일수는 365일, 2.5톤 트럭의 기준용적은 10㎡, 1회 운행당 평균용적은 8㎡이다. 위와 같은 조건이 제시된 상황에서 적재율, 실제가동률, 실차율을 각각 구하면?

① 적재율 80%, 실제가동률 85%, 실차율 75%

② 적재율 85%, 실제가동률 65%, 실차율 80%

③ 적재율 80%, 실제가동률 85%, 실차율 65%

④ 적재율 80%, 실제가동률 65%, 실차율 75%

⑤ 적재율 85%, 실제가동률 80%, 실차율 70%

 적재율, 실제가동률, 실차율을 구하면 각각 다음과 같다.
　㉠ 적재율이란, 어떤 운송 수단의 짐칸에 실을 수 있는 짐의 분량에 대하여 실제 실은 짐의 비율이다. 따라서 기준용적이 10㎡인 2.5톤 트럭에 대하여 1회 운행당 평균용적이 8㎡이 므로 적재율은 $\frac{8}{10} \times 100 = 80\%$이다.
　㉡ 실제가동률은 누적실제차량수에 대한 누적실제가동차량수의 비율이다.
　　따라서 $\frac{340}{400} \times 100 = 85\%$이다.
　㉢ 실차율이란, 총 주행거리 중 이용되고 있는 좌석 및 화물 수용 용량 비율이다. 따라서 누적주행거리에서 누적실제주행거리가 차지하는 비율인 $\frac{30,000}{40,000} \times 100 = 75\%$이다.

Answer➲　20.①　21.①

**22** 인사팀에 신입사원 민기씨는 회사에서 NCS채용 도입을 위한 정보를 얻기 위해 NCS기반 능력중심채용 설명회를 다녀오려고 한다. 민기씨는 오늘 오후 1시까지 김대리님께 보고서를 작성해서 드리고 30분 동안 피드백을 받기로 했다. 오전 중에 정리를 마치려면 시간이 빠듯할 것 같다. 다음에 제시된 설명회 자료와 교통편을 보고 민기씨가 생각한 것으로 틀린 것은?

> 　최근 이슈가 되고 있는 공공기관의 NCS 기반 능력중심 채용에 관한 기업들의 궁금증 해소를 위하여 붙임과 같이 설명회를 개최하오니 많은 관심 부탁드립니다. 감사합니다.
>
> -붙임-
>
> | 설명회 장소 | 일시 | 비고 |
> |---|---|---|
> | 서울고용노동청(5층) 컨벤션홀 | 2015. 11. 13(금) PM 15:00~17:00 | 설명회의 원활한 진행을 위해 설명회시작 15분 뒤부터는 입장을 제한합니다. |
>
> 오시는 길
> 지하철 : 2호선 을지로입구역 4번 출구(도보 10분 거리)
> 버스 : 149, 152번 ○○센터(도보 5분 거리)

---

● 회사에서 버스정류장 및 지하철역까지 소요시간

| 출발지 | 도착지 | | 소요시간 |
|---|---|---|---|
| 회사 | ×× 정류장 | 도보 | 30분 |
| | | 택시 | 10분 |
| | 지하철역 | 도보 | 20분 |
| | | 택시 | 5분 |

● 서울고용노동청 가는 길

| 교통편 | 출발지 | 도착지 | 소요시간 |
|---|---|---|---|
| 지하철 | 잠실역 | 을지로입구역 | 1시간(환승포함) |
| 버스 | ×× 정류장 | ○○센터 정류장 | 50분(정체 시 1시간 10분) |

① 택시를 타지 않아도 버스를 타고 가면 늦지 않게 설명회에 갈 수 있다.

② 어떤 방법으로 이동하더라도 설명회에 입장은 가능하다.

③ 택시를 타지 않아도 지하철을 타고 가면 늦지 않게 설명회에 갈 수 있다.

④ 정체가 되지 않는다면 버스를 타고 가는 것이 지하철보다 빠르게 갈 수 있다.

⑤ 택시를 이용할 경우 늦지 않게 설명회에 갈 수 있다.

 ① 도보로 버스정류장까지 이동해서 버스를 타고 가게 되면 도보(30분), 버스(50분), 도보(5분)으로 1시간 25분이 걸리지만 버스가 정체될 수 있으므로 1시간 45분으로 계산하는 것이 바람직하다. 민기씨는 1시 30분에 출발할 수 있으므로 3시 15분에 도착하게 되고 입장은 할 수 있으나 늦는다.

※ 소요시간 계산

㉠ **도보-버스** : 도보(30분), 버스(50분), 도보(5분)이므로 총 1시간 25분(정체 시 1시간 45분) 걸린다.

㉡ **도보-지하철** : 도보(20분), 지하철(1시간), 도보(10분)이므로 총 1시간 30분 걸린다.

㉢ **택시-버스** : 택시(10분), 버스(50분), 도보(5분)이므로 총 1시간 5분(정체 시 1시간 25분) 걸린다.

㉣ **택시-지하철** : 택시(5분), 지하철(1시간), 도보(10분)이므로 총 1시간 15분 걸린다.

Answer⟶ 22.①

**23** J회사 관리부에서 근무하는 L씨는 소모품 구매를 담당하고 있다. 2015년 5월 중에 다음 조건 하에서 A4용지와 토너를 살 때, 총 비용이 가장 적게 드는 경우는? (단, 2015년 5월 1일에는 A4용지와 토너는 남아 있다고 가정하며, 다 썼다는 말이 없으면 그 소모품들은 남아있다고 가정한다)

> • A4용지 100장 한 묶음의 정가는 1만 원, 토너는 2만 원이다. (A4용지는 100장 단위로 구매함)
> • J회사와 거래하는 ◇◇오피스는 매달 15일에 전 품목 20% 할인 행사를 한다.
> • ◇◇오피스에서는 5월 5일에 A사 카드를 사용하면 정가의 10%를 할인해 준다.
> • 총 비용이란 소모품 구매가격과 체감비용(소모품을 다 써서 느끼는 불편)을 합한 것이다.
> • 체감비용은 A4용지와 토너 모두 하루에 500원이다.
> • 체감비용을 계산할 때, 소모품을 다 쓴 당일은 포함하고 구매한 날은 포함하지 않는다.
> • 소모품을 다 쓴 당일에 구매하면 체감비용은 없으며, 소모품이 남은 상태에서 새 제품을 구입할 때도 체감비용은 없다.

① 3일에 A4용지만 다 써서, 5일에 A사 카드로 A4용지와 토너를 살 경우
② 13일에 토너만 다 써서 당일 토너를 사고, 15일에 A4용지를 살 경우
③ 10일에 A4용지와 토너를 다 써서 15일에 A4용지와 토너를 같이 살 경우
④ 3일에 A4용지만 다 써서 당일 A4용지를 사고, 13일에 토너를 다 써서 15일에 토너만 살 경우
⑤ 3일에 토너를 다 써서 5일에 A사 카드로 토너를 사고, 7일에 A4용지를 다 써서 15일에 A4용지를 살 경우

 ① 1,000원(체감비용)+27,000원=28,000원
② 20,000원(토너)+8,000원(A4용지)=28,000원
③ 5,000원(체감비용)+24,000원=29,000원
④ 10,000원(A4용지)+1,000원(체감비용)+16,000원(토너)=27,000원
⑤ 1,000원(체감비용)+18,000(토너)+4,000원(체감비용)+8,000(A4용지)=31,000원

**┃24~26 ┃** 다음 주어진 자료들은 H회사의 집화터미널에서 갑~무 지역 영업점까지의 이동경로와 영업용 자동차의 종류와 연비, 분기별 연료공급가격이다. 자료를 보고 물음에 답하시오.

〈그림〉 H회사 영업점 이동경로

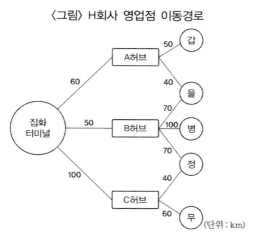

(단위 : km)

※ 물류 오배송 시 같은 허브에 연결된 지역이면 허브만 거쳐서 이동하고, 같은 허브에 연결된 지역이 아니라면 집화터미널로 다시 돌아가 확인 후 이동한다.

〈표1〉 H회사 영업용 자동차의 종류와 연비

(단위 : km/L)

| 차종 | 연비 |
|---|---|
| X(휘발유) | 15 |
| Y(경유) | 20 |

※ 집화터미널-허브 간 이동은 X차량, 허브-지역 간 이동은 Y차량으로 이동한다.

〈표2〉 분기별 연료공급가격

(단위 : 천 원/L)

| | 휘발유 | 경유 |
|---|---|---|
| 1분기 | 1.5 | 1.2 |
| 2분기 | 2.1 | 1.8 |
| 3분기 | 1.8 | 1.5 |
| 4분기 | 1.5 | 1.3 |

Answer⤵ 23.④

**24** 1분기에 물류 이동 계획은 갑 지역 5번, 정 지역 5번이다. 1분기의 연료비는 총 얼마인가? (단, 모든 이동은 연료비가 가장 적게 드는 방향으로 이동한다)

① 82,000원
② 91,000원
③ 107,000원
④ 116,000원
⑤ 118,000원

 1분기의 km당 연료비는 휘발유 100원, 경유 60원이다.
ⓐ 갑 지역 이동(집화터미널-A허브-갑 지역)
집화터미널-A허브(60km) : 100원×60km×5회＝30,000원
A허브-갑 지역(50km) : 60원×50km×5회＝15,000원
ⓑ 정 지역 이동(집화터미널-B허브-정 지역 또는 집화터미널-C허브-정 지역)
집화터미널-B허브(50km) : 100원×50km×5회＝25,000원
B허브-정 지역(70km) : 60원×70km×5회＝21,000원
또는
집화터미널-C허브(100km) : 100원×100km×5회＝50,000원
C허브-정 지역(40km) : 60원×40km×5회＝12,000원
∴ 총 연료비는 91,000원이다(∵ 정 지역 이동시 B허브 이용).

**25** 2분기에 정 지역에 가야할 물류가 무 지역으로 오배송되었다. 연료비 손해는 얼마인가? (단, 모든 이동은 연료비가 가장 적게 드는 방향으로 이동한다)

① 7,200원
② 9,000원
③ 10,800원
④ 15,100원
⑤ 17,500원

 2분기의 km당 연료비는 휘발유 140원, 경유 90원이다.
ⓐ 정 지역으로 가는 방법
집화터미널-B허브(50km) : 140원×50km＝7,000원
B허브-정 지역(70km) : 90원×70km＝6,300원
또는
집화터미널-C허브(100km) : 140원×100km＝14,000원
C허브-정 지역(40km) : 90원×40km＝3,600원
∴ 13,300원(∵ 정 지역 이동시 B허브 이용)
ⓑ 무 지역으로 이동 후 정 지역으로 가는 방법
집화터미널-C허브(100km) : 140원×100km＝14,000원
C허브-무 지역(60km) : 90원×60km＝5,400원
무 지역-정 지역(100km) : 90원×100km＝9,000원(∵ 무 지역과 정 지역은 C허브로 연결)
∴ 28,400원
∴ 15,100원 손해이다.

**26** 연료비 10만 원 예산으로 3분기에 을 지역으로 물류 이동을 하려고 한다. 총 몇 회의 왕복이 가능한가?

① 3회

② 4회

③ 5회

④ 6회

⑤ 7회

 3분기의 km당 연료비는 휘발유 120원, 경유 75원이다.
집화터미널-A허브(60km) : 120원×60km = 7,200원
A허브-을 지역(50km) : 75원×50km = 3,750원
또는
집화터미널-B허브(50km) : 120원×50km = 6,000원
B허브-을 지역(70km) : 75원×70km = 5,250원 이므로
을 지역은 A허브를 통해 이동하는 것이 더 저렴하다(10,950원)
∴ 총 4회 왕복 가능하다(∵ 1회 왕복 연료비 21,900원).

**▌27~28▐** 푸르미펜션을 운영하고 있는 K씨는 P씨에게 예약 문의전화를 받았다. 아래의 예약일정 과 정보를 보고 K씨가 P씨에게 안내할 사항으로 옳은 것을 고르시오.

### 〈푸르미펜션 1월 예약 일정〉

| 일 | 월 | 화 | 수 | 목 | 금 | 토 |
|---|---|---|---|---|---|---|
| | | | | | 1 | 2 |
| | | | | | • 매 가능<br>• 난 가능<br>• 국 완료<br>• 죽 가능 | • 매 가능<br>• 난 완료<br>• 국 완료<br>• 죽 가능 |
| 3 | 4 | 5 | 6 | 7 | 8 | 9 |
| • 매 완료<br>• 난 가능<br>• 국 완료<br>• 죽 가능 | • 매 가능<br>• 난 가능<br>• 국 가능<br>• 죽 가능 | • 매 가능<br>• 난 가능<br>• 국 가능<br>• 죽 가능 | • 매 가능<br>• 난 가능<br>• 국 가능<br>• 죽 가능 | • 매 가능<br>• 난 가능<br>• 국 가능<br>• 죽 가능 | • 매 완료<br>• 난 가능<br>• 국 완료<br>• 죽 완료 | • 매 완료<br>• 난 가능<br>• 국 완료<br>• 죽 완료 |
| 10 | 11 | 12 | 13 | 14 | 15 | 16 |
| • 매 가능<br>• 난 완료<br>• 국 완료<br>• 죽 가능 | • 매 가능<br>• 난 가능<br>• 국 가능<br>• 죽 가능 | • 매 가능<br>• 난 가능<br>• 국 가능<br>• 죽 가능 | • 매 가능<br>• 난 가능<br>• 국 가능<br>• 죽 가능 | • 매 가능<br>• 난 가능<br>• 국 가능<br>• 죽 가능 | • 매 가능<br>• 난 완료<br>• 국 완료<br>• 죽 가능 | • 매 가능<br>• 난 완료<br>• 국 완료<br>• 죽 가능 |

※ 완료 : 예약완료, 가능 : 예약가능

### 〈푸르미펜션 이용요금〉

(단위 : 만 원)

| 객실명 | 인원 | | 이용요금 | | | |
|---|---|---|---|---|---|---|
| | | | 비수기 | | 성수기 | |
| | 기준 | 최대 | 주중 | 주말 | 주중 | 주말 |
| 매 | 12 | 18 | 23 | 28 | 28 | 32 |
| 난 | 12 | 18 | 25 | 30 | 30 | 35 |
| 국 | 15 | 20 | 26 | 32 | 32 | 37 |
| 죽 | 30 | 35 | 30 | 34 | 34 | 40 |

※ 주말 : 금-토, 토-일, 공휴일 전날-당일

　　성수기 : 7~8월, 12~1월

※ 기준인원초과 시 1인당 추가 금액 : 10,000원

K씨 : 감사합니다. 푸르미펜션입니다.

P씨 : 안녕하세요. 회사 워크숍 때문에 예약문의를 좀 하려고 하는데요. 1월 8~9일이나 15~16일에 "국"실에 예약이 가능할까요? 웬만하면 8~9일로 예약하고 싶은데….

K씨 : 인원이 몇 명이시죠?

P씨 : 일단 15명 정도이고요 추가적으로 3명 정도 더 올 수도 있습니다.

K씨 : ＿＿＿＿＿＿＿＿＿ ㉠ ＿＿＿＿＿＿＿＿＿

P씨 : 기준 인원이 12명으로 되어있던데 너무 좁지는 않겠습니까?

K씨 : 두 방 모두 "국"실보다 방 하나가 적긴 하지만 총 면적은 비슷합니다. 하지만 화장실 등의 이용이 조금 불편하실 수는 있겠군요. 흠…. 8~9일로 예약하시면 비수기 가격으로 해드리겠습니다.

P씨 : 아, 그렇군요. 그럼 8~9일로 예약 하겠습니다. 그럼 가격은 어떻게 됩니까?

K씨 : ＿＿＿＿＿＿＿＿＿ ㉡ ＿＿＿＿＿＿＿＿＿ 인원이 더 늘어나게 되시면 1인당 10,000원씩 추가로 결재하시면 됩니다. 일단 10만 원만 홈페이지의 계좌로 입금하셔서 예약 완료하시고 차액은 당일에 오셔서 카드나 현금으로 계산하시면 됩니다.

**27** ㉠에 들어갈 K씨의 말로 가장 알맞은 것은?

① 죄송합니다만 1월 8~9일, 15~16일 모두 예약이 모두 차서 이용 가능한 방이 없습니다.

② 1월 8~9일이나 15~16일에는 "국"실 예약이 모두 차서 예약이 어렵습니다. 15명이시면 1월 8~9일에는 "난"실, 15~16일에는 "매"실에 예약이 가능하신데 어떻게 하시겠습니까?

③ 1월 8~9일에는 "국"실 예약 가능하시고 15~16일에는 예약이 완료되었습니다. 15명이시면 15~16일에는 "매"실에 예약이 가능하신데 어떻게 하시겠습니까?

④ 1월 8~9일에는 "국"실 예약이 완료되었고 15~16일에는 예약 가능하십니다. 15명이시면 8~9일에는 "난"실에 예약이 가능하신데 어떻게 하시겠습니까?

⑤ 1월 8~9일이나 15~16일 모두 "국"실 예약이 가능하십니다.

 8~9일, 15~16일 모두 "국"실은 모두 예약이 완료되었다. 워크숍 인원이 15~18명이라고 했으므로 "매"실 또는 "난"실을 추천해주는 것이 좋다. 8~9일에는 "난"실, 15~16일에는 "매"실의 예약이 가능하다.

Answer↱ 27.②

**28** ⓛ에 들어갈 K씨의 말로 가장 알맞은 것은?

① 그럼 1월 8~9일로 "난"실 예약 도와드리겠습니다. 15인일 경우 기본 30만 원에 추가 3인 하셔서 총 33만 원입니다.

② 그럼 1월 8~9일로 "난"실 예약 도와드리겠습니다. 15인일 경우 기본 35만 원에 추가 3인 하셔서 총 38만 원입니다.

③ 그럼 1월 8~9일로 "매"실 예약 도와드리겠습니다. 15인일 경우 기본 28만 원에 추가 3인 하셔서 총 31만 원입니다.

④ 그럼 1월 8~9일로 "매"실 예약 도와드리겠습니다. 15인일 경우 기본 32만 원에 추가 3인 하셔서 총 35만 원입니다.

⑤ 그럼 1월 8~9일로 "매"실 예약 도와드리겠습니다. 15인일 경우 기본 32만 원에 추가 3인 하셔서 총 38만 원입니다.

> **Tip** 8~9일로 예약하겠다고 했으므로 예약 가능한 방은 "난"실이다. 1월은 성수기이지만 비수기 가격으로 해주기로 했으므로 비수기 주말 가격인 기본 30만 원에 추가 3만 원으로 안내해야 한다.

**❘29~30❘** 다음은 A병동 11월 근무 일정표 초안이다. A병동은 1~4조로 구성되어있으며 3교대로 돌아간다. 주어진 정보를 보고 물음에 답하시오.

|  | 일 | 월 | 화 | 수 | 목 | 금 | 토 |
|---|---|---|---|---|---|---|---|
|  | 1 | 2 | 3 | 4 | 5 | 6 | 7 |
| 오전 | 1조 | 1조 | 1조 | 1조 | 1조 | 2조 | 2조 |
| 오후 | 2조 | 2조 | 2조 | 3조 | 3조 | 3조 | 3조 |
| 야간 | 3조 | 4조 | 4조 | 4조 | 4조 | 4조 | 1조 |
|  | 8 | 9 | 10 | 11 | 12 | 13 | 14 |
| 오전 | 2조 | 2조 | 2조 | 3조 | 3조 | 3조 | 3조 |
| 오후 | 3조 | 4조 | 4조 | 4조 | 4조 | 4조 | 1조 |
| 야간 | 1조 | 1조 | 1조 | 1조 | 2조 | 2조 | 2조 |
|  | 15 | 16 | 17 | 18 | 19 | 20 | 21 |
| 오전 | 3조 | 4조 | 4조 | 4조 | 4조 | 4조 | 1조 |
| 오후 | 1조 | 1조 | 1조 | 1조 | 2조 | 2조 | 2조 |
| 야간 | 2조 | 2조 | 3조 | 3조 | 3조 | 3조 | 3조 |
|  | 22 | 23 | 24 | 25 | 26 | 27 | 28 |
| 오전 | 1조 | 1조 | 1조 | 1조 | 2조 | 2조 | 2조 |
| 오후 | 2조 | 2조 | 3조 | 3조 | 3조 | 3조 | 3조 |
| 야간 | 4조 | 4조 | 4조 | 4조 | 4조 | 1조 | 1조 |

|  | 29 | 30 | • 1조 : 나경원(조장), 임채민, 조은혜, 이가희, 김가은 |
|---|---|---|---|
| 오전 | 2조 | 2조 | • 2조 : 김태희(조장), 이샘물, 이가야, 정민지, 김민경 |
| 오후 | 4조 | 4조 | • 3조 : 우채원(조장), 황보경, 최희경, 김희원, 노혜은 |
| 야간 | 1조 | 1조 | • 4조 : 전혜민(조장), 고명원, 박수진, 김경민, 탁정은 |

※ 한 조의 일원이 개인 사유로 근무가 어려울 경우 당일 오프인 조의 일원(조장 제외) 중 1인이 대체 근무를 한다.

※ 대체근무의 경우 오전근무 직후 오후근무 또는 오후근무 직후 야간근무는 가능하나 야간근무 직후 오전 근무는 불가능하다.

※ 대체근무가 어려운 경우 휴무자가 포함된 조의 조장이 휴무자의 업무를 대행한다.

**29** 다음은 직원들의 휴무 일정이다. 배정된 대체근무자로 적절하지 못한 사람은?

| 휴무일자 | 휴무 예정자 | 대체 근무 예정자 |
|---|---|---|
| 11월 3일 | 임채민 | ① 노혜은 |
| 11월 12일 | 황보경 | ② 이가희 |
| 11월 17일 | 우채원 | ③ 이샘물 |
| 11월 24일 | 김가은 | ④ 이가야 |
| 11월 30일 | 고명원 | ⑤ 최희경 |

 11월 12일 황보경(3조)은 오전근무이다. 1조는 바로 전날 야간근무를 했기 때문에 대체해줄 수 없다. 따라서 이가희가 아닌 우채원(3조 조장)이 황보경의 업무를 대행한다.

**30** 다음은 직원들의 휴무 일정이다. 배정된 대체근무자로 적절하지 못한 사람은?

| 휴무일자 | 휴무 예정자 | 대체 근무 예정자 |
|---|---|---|
| 11월 7일 | 노혜은 | ① 탁정은 |
| 11월 10일 | 이샘물 | ② 최희경 |
| 11월 20일 | 김희원 | ③ 임채민 |
| 11월 29일 | 탁정은 | ④ 김희원 |
| 11월 30일 | 이가희 | ⑤ 황보경 |

 11월 20일 김희원(3조)는 야간근무이다. 1조는 바로 다음 날 오전근무를 해야 하기 때문에 대체해줄 수 없다. 따라서 임채민이 아닌 우채원(3조 조장)이 김희원의 업무를 대행한다.

Answer → 28.① 29.② 30.③

PART

IV

# 면접

# 01 면접의 기본

## 1 면접 준비

### (1) 복장

면접에서는 무엇보다 첫인상이 중요하므로 지나치게 화려하거나 개성이 강한 스타일은 피하고 단정한 이미지를 심어주도록 한다. 면접 시 복장은 지원하는 기업의 사풍이나 지원 분야에 따라 달라질 수 있으므로 미리 가서 성향을 파악하는 것도 도움이 된다.

① 남성
  - ㉠ 양복 : 단색으로 하여 넥타이나 셔츠로 포인트를 주는 것이 효과적이며 색상은 감청색이 가장 품위 있어 보인다.
  - ㉡ 셔츠 : 흰색을 가장 선호하나 자신의 피부색에 맞추는 것이 좋고, 푸른색이나 베이지색은 산뜻한 느낌을 준다.
  - ㉢ 넥타이 : 남성이 복장에서 가장 포인트를 줄 수 있는 것으로 색과 폭까지 함께 고려하여 뚱뚱한 사람이 폭이 가는 넥타이를 매는 일이 없도록 한다.
  - ※ 주의사항…우리나라의 경우 여름에는 반팔셔츠를 입는 것도 무난하나 외국계 기업일 경우 이는 실례가 된다. 또한 양말을 신을 경우 절대로 흰색은 피한다.

② 여성
  - ㉠ 의상 : 단정한 스커트투피스 정장이나 슬랙스 슈트 정장도 무난하며 베이지나 그레이, 브라운 계열이 적당하다.
  - ㉡ 소품 : 핸드백, 스타킹, 구두 등과 같은 계열로 코디하는 것이 좋으며 구두는 너무 높거나 낮은 굽을 피해 5cm 정도가 적당하다.
  - ㉢ 액세서리 : 너무 크거나 화려한 것은 좋지 않으며, 많이 하는 것도 좋은 인상을 주지 못하므로 주의한다.
  - ㉣ 화장 : 자연스럽고 밝은 이미지를 표현하는 것이 좋으며 진한 화장은 인상이 강해보일 수 있으므로 피하자.

## (2) 목소리

면접은 주로 면접관과 지원자의 대화로 이루어지므로 음성이 미치는 영향은 상당하다. 답변을 할 때에 부드러우면서도 활기차고 생동감 있는 목소리로 하면, 상대방에게 호감을 줄 수 있으며 여기에 적당한 제스처가 더해진다면 상승효과를 이룰 수 있다. 그러나 적절한 답변을 하였어도 콧소리나 날카로운 목소리는 답변의 신뢰성을 떨어뜨릴 수 있으며 불쾌감을 줄 수 있다.

## (3) 사진

이력서용 사진의 경우 최근 3개월 이내에 찍은 증명사진이어야 하며 증명사진이 아닌 일반 사진을 오려서 붙이는 것은 예의가 아니다. 요즘 입사원서를 온라인으로 받는 경우가 많아졌는데 이때 주의할 것은 사진을 첨부하는 것이다. 이력서에 사진을 붙이는 것은 기본이며 붙이지 않을 경우 컴퓨터 사용능력이 부족한 것으로 판단될 수 있으므로 꼭 확인하자.

① 회사에 대한 지원자의 열의를 엿볼 수 있는 것이 사진이다. 당신이 인사 담당자라면 스펙이 비슷할 때 캐주얼 복장의 어두운 표정의 사람과 깔끔한 정장에 단정한 머리, 활기찬 표정의 사람 중 누구를 뽑겠는가. 우리를 사용하기 위해 평가하는 이의 입장에서 생각해 보자. 면접관도 감성이 있는 사람이라는 것을 생각해 보았을 때 굳이 나의 무성의함으로 불쾌감을 주지 말고 정성껏 준비하여 가장 좋은 모습을 보여주자.

② 만일 사진과 실물이 너무 다르다면 면접관은 우리의 진실성을 의심할 수도 있다. 포토샵으로 과대 포장한 나의 모습보다는 현실을 진솔하게 보여주는 것이 낫다.

③ 취업용 사진을 전문으로 하는 사진관이라고 할지라도 전적으로 믿고 맡겼다가는 큰 낭패를 볼 것이다. 재촬영을 하고 싶지 않으면 사진 촬영 후 기사와 함께 선별 작업을 하라. 맘에 드는 사진이 나오지 않았다면 당당하게 재촬영을 요구할 줄도 알아야 한다. 촬영 시 정장은 필수다. 하지만 너무 눈에 띄는 줄무늬, 남자의 경우 광택이 심한 정장 등은 피하는 것이 좋다. 또 남성들은 약간의 메이크업을 시도해 볼 기회이기도 하다. 특히 여성의 경우 얼짱 포즈는 자제하는 것이 좋고, 사진은 최근 3개월 이내의 것이 좋다. 그리고 휴대 전화, 화상 카메라 등으로 찍은 사진은 이력서용 사진으로 금물이다.

### (4) 이력서 작성 시 놓치기 쉬운 사항

모집공고에 간혹 '희망연봉을 명시하시오', '지망부서를 쓰시오' 등과 같은 요구 사항들이 있다. 이런 기업의 요구사항들을 제대로 파악하지 못하거나 무시한 채, 그냥 한번 넣어본다는 듯이 작성된 이력서는 인사담당자들의 눈 밖에 날 것이다. 특히 이곳저곳 이력서를 뿌리는 가운데 다른 기업의 이름이 들어가게 되거나, 받는 사람의 이메일 주소가 여러 곳인 것을 인사담당자가 확인한다면 그 결과는 뻔하다. 이외에도 오타가 많은 이력서는 지원자의 무성의함을 부각시킨다. 한, 두 번만 읽어봐도 오타를 바로 잡을 수 있기 때문이다.

### 2  면접 시 준비사항

#### (1) 지원회사에 대한 사전지식을 습득한다.

필기시험에 합격하거나 서류전형을 통과하면 보통 합격 통지 이후 면접시험 날짜가 정해진다. 이때 지원자는 면접시험을 대비해 본인이 지원한 계열사 또는 부서에 대해 다음과 같은 사항 정도는 알고 있는 것이 좋다.

① 회사의 연혁

② 회장 또는 사장의 함자, 출신학교, 전공과목 등

③ 회사에서 요구하는 신입사원의 인재상

④ 회사의 사훈, 사시, 경영이념, 창업정신

⑤ 회사의 대표적 상품과 그 특색

⑥ 업종별 계열 회사의 수

⑦ 해외 지사의 수와 그 위치

⑧ 신제품에 대한 기획 여부

⑨ 지원자가 평가할 수 있는 회사의 장·단점

⑩ 회사의 잠재적 능력 개발에 대한 각종 평가

### (2) 충분한 수면을 취해 몸의 상태를 최상으로 유지한다.

면접 전날에는 긴장하거나 준비가 미흡한 것 같아 잠을 설치게 된다. 이렇게 잠을 잘 자지 못하면 다음날 일어났을 때 피곤함을 느끼게 되고 몸 상태도 악화된다. 게다가 잠을 잘 못 잘 경우, 얼굴이 부스스하거나 목소리에 영향을 미칠 수 있으며 자신도 모르게 멍한 표정을 지을 수도 있다. 가능한 숙면을 취하고 안정적인 상태에서 면접에 임하는 것이 좋다.

### (3) 아침에 정보를 확인한다.

경제, 정치, 문화 등과 같은 시사 상식은 최근의 것을 질문하기 쉽다. 아침에 일어나서 뉴스 등을 유의해서 보고 자신의 생각을 정리해 두는 것이 좋다. 또한 면접일과 인접해 있는 국경일이나 행사 등이 있다면 그에 따른 생각을 정리해 두면 좋다.

## 3 면접 시 유의사항

### (1) 첫인상이 중요하다.

면접에서는 처음 1~2분 동안에 당락의 70% 정도가 결정될 정도로 첫인상이 중요하다고 한다. 그러므로 지원자는 자신감과 의지, 재능 등을 보여주어야 한다. 그리고 면접자와 눈을 맞추고 그가 설명을 하거나 말을 하면 적절한 반응을 보여준다.

### (2) 절대 지각해서는 안 된다.

우선 면접장소가 결정되면 교통편과 소요시간을 확인하고 가능하다면 미리 방문해 보는 것도 좋다. 당일 날에는 서둘러서 출발하여 면접 시간 10~15분 일찍 도착하여 회사를 둘러보고 환경에 익숙해지는 것이 좋다.

### (3) 면접대기시간의 행동도 평가된다.

지원자들은 대부분 면접실에서만 평가 받는다고 생각하나 절대 그렇지 않다. 면접진행자는 대부분 인사실무자이며 당락에 영향을 준다. 짧은 시간 동안 사람을 판단하는 것은 힘든 일이라 면접자는 지원자에 대한 평가에 대한 확신을 위해 타인의 의견을 듣고자 한다. 이때 면접진행자의 의견을 참고하므로 면접대기시간에도 행동과 말을 조심해야 한다. 또한, 면접을 마치고 돌아가는 그 순간까지도 행동과 말에 유의하여야 한다. 황당한 질문에 답변은 잘 했으나 복도에 나와서 흐트러진 모습을 보이거나 욕설을 하는 것도 다 평가되므로 주의한다.

### (4) 입실한 후에는 공손한 태도를 취한다.

① 본인 차례가 되어 호명되면 대답을 또렷하게 하고 들어간다. 만약 문이 닫혀있다면 상대에게 소리가 들릴 수 있을 정도로 노크를 두 번 한 후 대답을 듣고 나서 들어간다.

② 문을 여닫을 때에는 소리가 나지 않게 조용히 하며 공손한 자세로 인사한 후 성명과 수험번호를 말하고 면접관의 지시에 따라 자리에 앉는다. 이 경우 자리에 착석하라는 말이 없는데 의자에 앉으면 무례한 사람처럼 보일 수 있으므로 주의한다.

③ 의자에 앉을 때는 끝에 걸터앉지 말고 안쪽으로 깊숙이 앉아 무릎 위에 양손을 가지런히 얹는 것이 좋다.

### (5) 대답하기 난해한 개방형 질문도 반드시 답변을 해야 한다.

① 면접관의 질문에는 예, 아니오로 답할 수 있는 단답형도 있으나, 정답이 없는 개방형 질문이 있을 수 있다. 단답형 질문의 경우에는 간단명료하면서도 그렇게 생각하는 이유를 밝혀주는 것이 좋다. 그러나 개방형 질문은 평소에 충분히 생각하지 못했던 내용이라면 답변을 하기 힘들 수도 있다. 하지만 반드시 답변을 해야 한다. 자신의 생각이나 입장을 밝히지 않을 경우 소신이 없거나 혹은 분명한 입장이나 가치를 가지고 있지 않은 사람으로 비쳐질 수 있다. 답변이 바로 떠오르지 않는다면, "잠시 생각을 정리할 시간을 주시겠습니까?"하고 요청을 해도 괜찮다.

② 평소에 잘 알고 있는 문제라면 답변을 잘 할 수 있을 것이다. 그러나 이런 경우 주의할 것은 면접자와 가치 논쟁을 할 필요가 없다는 것이다. 정답이 정해져 있지 않은 경우에는 가치관이나 성장배경에 따라 문제를 받아들이는 태도에서 답변까지 충분히 차이가 있을 수 있다. 그런데 그것을 굳이 지적하고 고치려 드는 것은 좋지 않다.

### (6) 답변은 자신감과 의지가 드러나게 한다.

면접을 하다 보면 미래를 예측해야 하는 질문이 있다. 이때는 너무 많은 상황을 고려하지 말고, 긍정적인 내용으로 자신감 있게 답변하는 것이 좋다.

### (7) 자신의 장·단점을 잘 알고 있어야 한다.

면접을 하다 보면 나에 대해서 부정적인 말을 해야 될 경우가 있다. 이때에는 자신의 약점을 솔직하게 말하되 너무 자신을 비하하지 말아야 한다. 그리고 가능한 단점을 짧게 말하고 뒤이어 장점을 말하는 것이 좋다.

### (8) 대답은 항상 정직해야 한다.

면접이라는 것이 아무리 본인의 장점을 부각시키고 단점을 축소시키는 것이라고 해도 절대로 거짓말을 해서는 안 된다. 거짓말을 하게 되면 지원자는 불안하거나 꺼림칙한 마음이 남아 있어 면접에 집중하지 못하게 되고 면접관을 그것을 놓치지 않는다. 거짓말은 그 사람에 대한 신뢰성을 떨어뜨리며 이로 인해 다른 조건이 좋다하더라도 탈락할 수 있다.

### (9) 지원동기에는 가치관이 반영되어야 한다.

면접에서 거의 항상 물어보는 질문은 지원동기에 관한 것이다. 어떤 응시자들은 이 질문을 대수롭지 않게 여기거나, 중요한 것은 알지만 적당한 내용을 찾지 못해 추상적으로 답변하는 경우가 많다. 이런 경우 면접관들은 응시자의 생각을 알 수 없거나 성의가 없다고 생각하기 쉬우므로 그 내용 안에 자신의 가치관이 내포되도록 답변한다. 이러한 답변은 면접관에게 응시자가 직업을 통해 자신의 가치관을 실현하기 위한 과정이라는 인상을 주게 되므로 적극적인 삶의 자세를 볼 수 있게 한다.

### (10) 경력직일 경우 전(前) 직장에 대한 험담은 하지 않는다.

응시자에게 이전 직장에서 무슨 일이 있었는지, 그 곳 상사들이 어땠는지 등은 그다지 면접관이 궁금해 하는 사항이 아니다. 전 직장에 대해 험담을 늘어놓는다든가, 동료와 상사들에 대한 악담을 하게 된다면 오히려 부정적인 이미지를 심어 줄 수 있다. 만약 전 직장에 대한 말을 할 필요성이 있다면 가능한 객관적으로 이야기하는 것이 좋다.

### (11) 대답 시의 유의사항

① 질문이 주어지자마자 답변하는 것은 미리 예상한 답을 외워두었다가 잊어버리기 전에 말하는 것으로 오인할 수 있으며, 침착하지 못하고 즉흥적인 사람으로 비춰지기 쉽다.

② 질문에 대한 답변을 할 때에는 면접관과의 거리를 생각해서 너무 작게 하는 것은 좋지 않으나 큰 소리로 이야기하면 면접관이 부담을 느끼게 된다. 자신 있는 답변이라고 해서 너무 빠르게 많이 말하지 않아야 하며, 자신의 답변이 적당하지 못했다고 느꼈을 경우 머리를 만지거나 혀를 내미는 등의 행동은 좋지 못하다. 그리고 정해진 답변 외에 적절하지 않은 농담은 경망스러워 보이거나 취업에 열의가 없어 보이기도 한다.

③ 가장 중요한 것은 올바른 언어의 구사이다. 존대어와 겸양어를 혼동하기도 하고 인터넷어를 자기도 모르게 사용하기도 하는데 이는 면접 실패의 원인이 될 수 있다.

### ⑫ 옷매무새를 자주 고치지 마라.

여성들의 경우 이러한 모습이 특히 두드러지는데 외모에 너무 신경을 쓰거나 긴장하여 머리를 계속 쓸어 올리거나 치마 끝을 만지작거리는 경우가 있다. 특히 너무 짧은 치마를 입고서 치마를 끌어 내리는 행동은 좋지 못하다.

### ⑬ 다리를 떨거나 산만한 시선은 금물이다.

① 자신도 모르게 다리를 떨거나 손가락을 만지는 등의 행동을 하는 사람들이 많다. 이는 면접관의 주의를 끌 뿐만 아니라 불안하고 산만한 사람이라는 느낌을 주게 된다.

② 면접관과 시선을 맞추지 못하고 여기저기 둘러보는 듯한 산만한 시선은 거짓말을 하고 있다고 여겨지거나 신뢰성이 떨어진다고 생각하기 쉽다.

### ⑭ 질문의 기회를 활용하자.

면접관이 "면접을 마치겠네." 혹은 "면접과는 상관없는 것인데…."하면서 질문을 유도하기도 하다. 이 경우 면접관이 하는 말은 지원자를 안심시켜 마음을 알고자 하는 것으로 거기에 넘어가서는 안 된다. "물어볼 것이 있나?"라는 말은 우리 회사에서 가장 관심이 있는 것이 무엇이냐라는 말과 같은 의미이므로 유급휴가나 복리후생에 관한 질문 등을 하게 되면 일보다는 휴가에 관심이 많은 사람이라는 인식을 주게 된다. 이런 내용들은 다른 정보망을 활용하여 미리 파악해 두는 것이 좋으므로 업무에 관련된 질문으로 하고자 하는 일의 예를 들면서, 합격 시에 하는 일을 구체적으로 설명해 달라고 하거나 업무를 잘 수행하기 위해서 필요한 능력 등을 물어보는 것이 좋다.


## 4  자기소개 시 유의사항

면접에서 빠지지 않는 것이 자기소개를 간단히 해보라는 것이다. 이럴 때 꼭 해야 할 말은 무엇이며 피해야할 말은 무엇인가? 면접관의 모든 질문이 그러하듯 이 질문에 숨겨진 의도만 알아낸다면 쉽게 풀어 갈수 있다. 자기소개라는 것은 매우 추상적이며 넓은 의미를 포괄한다. 자신의 이름에 얽힌 사연이나 어릴 적의 추억, 고향, 혈액형 등 지원자에 관한 일이라면 모두 자기소개가 될 수 있다. 그러나 이는 면접관이 원하는 대답이 아니다. 면접관은 지원자의 신상명세를 알고 싶은 것이 아니라 지원자가 지금껏 해온 일을 통해 그 사람 됨됨이를 알고자 하는 것이기 때문이다. 다음 유형은 지원자들이 면접 시 자기소개를 할 때 취하기 쉬운 태도들이다. 예시를 살펴본 후 자신의 방법과 비교해 보고 적절한 방법을 찾도록 하자.

## (1) 자신의 집안에 대해 자랑하는 사람

자신의 부모나 형제 등 집안사람들이 사회·경제적으로 어떠한 위치에 있는지를 서술하는 유형으로 자신도 대단한 사람이라는 것을 강조하고 싶은 것일지 모르나 면접관에게는 의존적이며 나약한 사람으로 비춰지기 쉽다.

## (2) 대답을 하지 못하는 사람

면접관의 질문에는 난이도가 있어서 대답하기 힘든 문제도 분명히 있을 것이다. 그러나 이는 어려운 것이지 난처한 문제는 아니다. 그러나 면접관이 당신에게 "지금까지 무슨 일을 해 왔습니까?"하고 묻는다면 바로 대답을 하지 못하고 머뭇거리게 될 것이다. 20여 년을 넘게 살아오면서 '나는 무슨 일을 했으며 어떻게 대답해야 하는가?'라는 생각이 들 것이다. 이는 단순히 그 사람의 행적을 말하는 것이 아니라 그 속에서 그 사람의 가치관과 자아정체성을 판별하기 위한 것이다. 평소에 끊임없이 이런 질문을 스스로 던져 자신이 원하는 것을 파악하고 직업도 이와 관련된 쪽으로 구하고자 하면 막힘없이 대답할 수 있을 것이다.

## (3) 자신이 한 일에 대해서 너무 자세하게 이야기하는 사람

오늘 아침부터 한 일을 말하라고 해도 10분 안에 이야기하는 것은 힘들 것이다. 면접은 필기시험과 마찬가지로 시간이 정해져 있고 그 시간을 효율적으로 활용하여 자신을 내보이는 것이다. 그러나 이러한 사람들은 그것은 생각하지 않고 불필요한 말까지 많이 하여 시간이 부족하다고 하는 사람들이다. 이와 비슷한 사람들 중에는 자기가 지금껏 해온 일을 무조건 늘어놓는 사람들이다. 이들은 자신이 한 일을 열거하면서 모든 일에 열의가 있는 사람이라고 생각해 주길 바라지만 단순 나열일 뿐 면접관들에게 강한 인상을 남기지 못한다.

## (4) 너무 오래된 추억을 이야기하는 사람

면접에서 초등학교 시절의 이야기를 하는 사람은 어떻게 비춰질까? 그 이야기가 지금까지도 영향을 미치고 있다면 괜찮지만 단순히 일회성으로 그친다면 너무 동떨어진 이야기가 되어버린다. 가능하면 최근의 이야기를 하는 것이 강렬한 인상을 남길 수 있다.

**(1) 1차, 2차 면접의 질문이 같다면 대답도 똑같아야 하나요?**

면접관의 질문이 같다면 일부러 대답을 바꿀 필요는 없다. 1차와 2차의 면접관이 다르다면 더욱 그러하며 면접관이 같더라도 완전히 다른 대답보다는 대답의 방향을 조금 바꾸거나, 예전의 질문에서 더욱 구체적으로 파고드는 대답이 좋다.

**(2) 제조회사의 면접시험에서 지금 사용하고 있는 물건이 어느 회사의 제품인지를 물었을 때, 경쟁회사의 제품을 말해도 괜찮을까요?**

타사 특히 경쟁사의 제품을 거론하는 것을 좋아할 만한 면접관은 한 명도 없다. 그러나 그 제품의 장·단점까지 분석할 수 있고 논리적인 설명이 가능하다면 경쟁회사의 제품을 거론해도 무방하다. 만약 면접을 보는 회사의 제품을 거론할 때 장·단점을 설명하지 못하면, 감점요인까지는 아니지만 좋은 점수를 받기는 힘들다.

**(3) 면접관이 '대답을 미리 준비했군요'라는 말을 하면 어떻게 해야 할까요?**

외워서 답변하는 경우에는 면접관의 눈을 똑바로 보고 말하기가 힘들며, 잊어버리기 전에 말하고자 하여 말의 속도가 빨라진다. 면접에서는 정답이 표면적으로 드러나 있는 질문보다는 지원자의 생각을 묻는 질문이 많으므로 면접관의 질문을 새겨듣고 요구하는 바를 파악한 후 천천히 대답한다.

**(4) 아버지의 직업이 나와 무슨 관계가 있습니까?**

이는 면접관이 지원자의 아버지 직업이 궁금해서 묻는 것이 아니다. 이 대답을 통해서 지원자가 자식으로서 아버지를 얼마나 이해하고 있는가와 함께 사회인으로서 다른 직장인을 얼마나 이해하고 포용할 수 있는가를 확인하는 것이다. 아버지의 직업만을 이야기하지 말고 그에 따른 자신의 생각을 밝히는 것이 좋다.

**(5) 집단면접에서 면접관이 저에게 아무런 질문도 하지 않았습니다. 그 이유는 무엇인가요?**

이력서와 자기소개서는 면접의 기본이 되며 이력서의 내용이 평범하거나 너무 포괄적이라면 면접관은 지원자에게 궁금증이 생기지 않는다. 그러므로 이력서는 구체적이면서 개성적으로 자신을 잘 드러낼 수 있는 내용을 강조해서 작성하는 것이 중요하다.

### (6) 면접관에게 좋은 인상을 남기기 위해서는 어떻게 하는 것이 좋을까요?

면접관은 성실하고 진지한 지원자를 대할 경우 고개를 끄덕이거나 신중한 표정을 짓는다. 그러므로 지나치게 가벼워 보이거나 잘난 척하는 자세는 바람직하지 않다

### (7) 질문에 대한 답변을 다 하지 못하였는데 면접관이 다음 질문으로 넘어가 버리면 어떻게 할까요?

면접에서는 간단명료하게 자신의 의견을 일관성 있게 밝히는 것이 중요하다. 두괄식으로 주제를 먼저 제시하는데 서론이 길면 지루해져 다음 질문으로 넘어갈 수 있다.

### (8) 면접에서 실패한 경우에, 역전시킬 수 있는 방법이 있을까요?

지원자 스스로도 면접에서 실패했다고 느끼는 경우가 종종 있다. 이런 경우에는 당황하여 인사를 잊기도 하나 그 때 당황하지 말고 정중하게 인사를 하면 또 다른 인상을 심어줄 수 있다. 면접관은 당신이 면접실에 들어서는 순간부터 나가는 순간까지 당신을 지켜보고 있다는 사실을 기억해야 한다.


## 6  면접에서의 공통질문

대부분의 기업들이 아래 세 가지를 반드시 질문한다.

### (1) 자기소개를 해보세요.

자기소개 시 정말로 자기 신상에 관해서만 소개하거나, 장점만 나열하는 것은 좋지 않다. 처음부터 업계, 회사, 담당 직무에 많은 관심을 가지고 준비해왔음을 보여주자.

### (2) 당사에 지원하게 된 동기를 말씀해주세요.

이 경우도 마찬가지다. 회사에 대한 개인적인 생각이나 취향을 이유로, 또는 회사가 업계에서 유명한 곳이기 때문에 지원했다고 답하지 말자. 해당 산업의 현실, 회사의 당면 과제 등을 파악해서 이에 대한 필요를 채워줄 수 있는 나의 장점을 설득력 있는 예를 들어 제시하자. 이를 통해 내가 회사에 필요한 인재이기 때문에 지원했음을 알려주는 것이다.

### (3) (경력직의 경우) 이직의 동기가 무엇입니까?

이 경우 이전 회사나, 직장 동료에 대한 부정적인 언급은 하지 말자.

위의 질문들 다음으로 가장 빈도수가 높은 질문은 "마지막으로 하실 말씀 있으면 해보세요."
이다. 면접을 마칠 때 이 질문을 들으며 '이제는 끝났구나!'하고 입사 후 포부의 잘못된 예처
럼, '만약 합격한다면 최선을 다하겠습니다.' 등의 막연한 말들을 늘어놓지 말자. 대신에 해당
분야와 기업의 현황 등을 간략하게 말하고 이 속에서 내가 나아가야 할 방향과 담당 직무를 위
해 준비해야 할 것들을 묻자. 이렇게 한다면 마지막까지 좋은 인상을 심어줄 수 있을 것이다.

아래는 시사상식, 직무와 개인 신상에 관한 특수한 질문은 제외하고 각 기업별로 출제 빈도
가 높은 질문들을 모아보았다. 대부분의 기업에서 공통으로 질문하는 것들은 반드시 준비해
두자.

---

**기업 공통으로 출제 빈도가 높은 질문**

㉠ 지방 근무 가능하십니까?
㉡ 가족관계를 설명해 보세요.
㉢ 자신의 성격의 장·단점을 말해보세요.
㉣ 입사 후 어떤 일을 하고 싶습니까?
㉤ 노조에 대해서 어떻게 생각하십니까?
㉥ 그 직무에 지원한 이유가 무엇입니까?
㉦ 당사에 대해 아는 대로 말해보세요.
㉧ 본인의 장점을 말해보세요.
㉨ 주량은 어떻게 됩니까?

---

# 02 면접기출

## 1 역량면접

① 준비한 자기소개 말고 한국남동발전 준비과정부터 지원 후 포부까지 1분 내로 말해보시오.

② 결혼 후 잦은 야근을 해야 한다면 어떻게 할 것인가?

③ 국적포기자에 대한 지원자의 견해는?

④ 남동발전에 대하여 알고 있는 정보를 말해보시오.

⑤ 한국남동발전에 대한 이미지 하면 떠오르는 것 10초간 말해보시오.

⑥ 자신의 전공 외에 특별히 잘하는 것이 있는가?

⑦ 귀하 성씨의 본은 어디인가?

⑧ 자신의 단점과 그것을 고치기 위해 노력했던 것이 있다면 말해보시오.

⑨ 자신은 현장 체질이라고 생각하는가? 사무실 체질이라고 생각하는가? 그 이유는?

⑩ 개인의 이익과 공공의 이익 중 어떤 것이 먼저라고 생각하는가?

⑪ 발전소 설계 시 가장 중요하다고 생각하는 것은?

⑫ 공기업의 직원으로서 가져야 할 자세로는 무엇이 있겠는가?

⑬ 리더가 되기 위해 꼭 갖추어야 할 세 가지 조건을 말해보시오.

⑭ 상사가 비윤리적인 일을 시켰을 경우 어떻게 할 것인가?

⑮ 자신이 기업의 오너라면 조직의 혁신을 위해 구성원들을 어떻게 설득하고 동기를 부여하겠는가?

⑯ 면접 당일날 신문기사를 보았는가?

⑰ 지원한 직무 외에 다른 일을 하게 된다면 어떻게 할 것인가?

⑱ 존경하는 인물은 누구인가?

⑲ 노조에 대한 자신의 생각은?

⑳ 노후화된 발전기 설비를 어떻게 해야 하는가?

㉑ 영흥화력발전 중단에 대해 말해보시오.


## 2 토론면접

① 군가산점에 대해서 토론하시오.

② 고졸채용 확대로 인한 역차별에 대해 논의하시오.

③ 셰일가스와 신재생에너지의 연관성에 대해 설명하시오.

④ 지역주민들의 발전소 건립 반대에 대한 대처방안

⑤ 발전소 터빈의 열을 식히는 방법에 대해 설명하시오.

⑥ 기업의 친환경 이미지를 구축하기 위한 방안에 대해 이야기해보시오.

⑦ 공기업의 사회공헌에 대해 논의하시오.

⑧ 풍력발전기로 인한 야생조류의 피해를 줄일 수 있는 방안에 대해 이야기해보시오.

⑨ 분할발주 방식과 일괄발주 방식 중 어느 것을 채택할 것인가? (자료제공)

⑩ 발전소의 기기가 고장 나서 부품을 교체하려고 한다. 전량교체와 부분교체 중 어느 것을 채택할 것인가? (자료제공)

⑪ 환경과 개발 중 어느 것이 우선시되어야 하는지 토론해보시오.

⑫ 중국의 급성장에 한국은 어떻게 대응할지에 대해 토론해보시오.

⑬ 회사 입장에서 여성인력육성 및 활용방안에 대해 토론해보시오.

서원각과 함께

꿈의 날개를 펴라

기업체 시리즈

한국남동발전

대구환경공단

서울교통공사

한국전기안전공사